中小学教师信息技术应用能力培训教程

方其桂 主编

人民邮电出版社
北京

图书在版编目（CIP）数据

中小学教师信息技术应用能力培训教程 / 方其桂主
编. -- 北京 ：人民邮电出版社，2016.2（2023.8重印）
ISBN 978-7-115-40643-9

Ⅰ. ①中… Ⅱ. ①方… Ⅲ. ①中小学—计算机辅助教
学—师资培训—教材 Ⅳ. ①G434

中国版本图书馆CIP数据核字(2015)第251086号

内 容 提 要

本书系统介绍了中小学教师在课前、课中和课后 3 个环节如何应用信息技术改善教学效果，提高
教学效率。主要内容包括学科资源的获取与管理、多媒体教学素材加工、教学文档的编辑与制作、多
媒体教学课件的设计与制作、教学微课的策划与制作、多媒体教学环境中硬件设备的使用与维护、学
科辅助教学软件的使用、教学数据的统计与分析。书中注意将理论与实践相结合，以中小学各学科的
典型内容为实例讲解各类常用信息技术的应用方法。

本书不仅可以作为师范院校的教材，也可以作为广大中小学教师信息技术能力提升培训班的教学
用书。

♦ 主　　编　方其桂
　　责任编辑　李　莎
　　责任印制　杨林杰
♦ 人民邮电出版社出版发行　　北京市丰台区成寿寺路 11 号
　　邮编 100164　电子邮件 315@ptpress.com.cn
　　网址 http://www.ptpress.com.cn
　　固安县铭成印刷有限公司印刷
♦ 开本：787×1092　1/16
　　印张：14　　　　　　　　　2016 年 2 月第 1 版
　　字数：315 千字　　　　　　2023 年 8 月河北第 11 次印刷

定价：39.00 元
读者服务热线：(010)81055410　印装质量热线：(010)81055316
反盗版热线：(010)81055315

编写初衷

当前中小学教师面临着严峻的挑战和压力,一方面学生的求知欲是旺盛的,另一方面知识更新的速度也是前所未有的。今天的教师,不管是主动的,还是被动的,都必须而且只能在教学中广泛而深入地应用信息技术,才能适应时代的发展。

由于大多数中小学教师以前都没有受过计算机基础知识的教育,因此给中小学教师提升信息技术能力就成为一项十分紧迫的任务。教育部近期启动全国中小学教师信息技术应用能力提升工程,各级教育部门都在积极举办各种形式的信息技术能力培训。作为教师,必须勇敢地面对这个新的挑战,补上信息技术这堂课。但是信息技术知识分支繁多,浩如烟海,可供教师学习的计算机图书也是非常丰富,往往让教师无从下手,如果将所有相关图书都买齐,也是一笔不小的投资。考虑到中小学教师的实际状况,我们编写了这样一本书。它以中小学教师为对象,将中小学教师应该掌握的所有信息技术知识加以精炼和融合,将其集中在一本书内,大大减轻了教师再学习的心理负担,使他们不再面对一大堆计算机图书而感觉到压力和无所适从。

本书的编写者都是近年从事信息技术教学和教研的教师、教研员,因而能深刻理解中小学教师对信息技术的需要。在教材的处理上,首先比较全面地介绍了计算机的基础知识,然后以计算机教学应用为主线,由浅入深地介绍了文字处理、教学资源获取与处理、课件制作、微课制作、学生成绩处理与分析,挑选了许多最新的和流行的相关软件,详细讲解软件的功能和操作方法,突出信息技术在中小学教学过程中的应用,使教师在学习完成后,就能利用软件进行教学管理,独立地编制多媒体CAI课件,利用因特网获取和交流信息。相信本书是一本不可多得的中小学教师信息技术能力培训教材。

本书特色

本书定位于对计算机有初步了解的中小学教师,详细介绍了中小学教师信息技术应用能力提升方面的知识,其主要特色如下。

■ **内容实用。**本书所有实例均选自现行中小学教材,涉及中小学主要学科,内容编排结构合理。每个实例都通过"跟我学"来实现轻松学习和掌握,其中包括多个"阶段框",将任务进一步细化成若干个小任务,降低了阅读和理解的难度。每章节还设置了"创新园"模块,使读者对所学知识巩固提高。

■ **图文并茂。**在介绍具体操作步骤的过程中,语言简洁,基本上每一个步骤都配有对应的插图,用图文来分解复杂的步骤。路径式图示引导,便于在翻阅图书的同时上机操作。

■ **提示技巧。**本书对读者在学习过程中可能会遇到的疑问以"小贴士"和"知识库"的形式进行了说明,以免读者在学习的过程中走弯路。

■ **配套资源**。本书提供所有实例源文件，"创新园"中所需素材和练习题答案，与书中知识紧密结合又相互补充，以达到学以致用的目的。读者若有需要，可发邮件至zxxxxjs@163.com邮箱获取。

致谢

本书由方其桂担任主编并统稿，汪华、叶东燕、戴静担任副主编并策划，由何源（第1章）、周顺（第2章）、叶东燕（第3章）、戴静（第4章）、梁祥（第5章）、王军、张富胜（第6章）、武蓬蓬（第7章）、汪华（第8章）等人编写，随书光盘由方其桂整理制作。参加本书编写的还有汪华、江浩、陈晓虎、孙涛、冯士海、周木祥、赵家春、张晓丽、梁辉、赵青松、陈金龙、温蓉、王丽娟、王海侠等。在此，对以上人员以及提供课件、资源的老师表示感谢。

虽然我们有着十多年撰写计算机图书（已累计编写、出版近百种）的经验，并竭力认真构思、验证和反复审核、修改，但难免有一些瑕疵。我们深知，一本图书的好坏需要广大读者去检验、评说，在此我们衷心希望您对本书提出宝贵的意见和建议。读者在学习使用过程中，对同样实例的制作，可能会有更好的制作方法，也可能对书中某些实例的制作方法的科学性和实用性提出质疑，敬请读者批评指导。我们的电子邮箱为ahjks2010@163.com，服务网站为http://www.ahjks.cn/。

方其桂
2015年秋

第 1 章

获取并管理学科资源

随着教育信息化程度的提高，学科教师不管是在课前、课中，还是课后，都不可避免地要使用信息化教学资源。上课前的电子备课（如教学设计的撰写）、课堂上使用的课件与微课、课后的练习与检测（如试卷）等都离不开资源的获取与应用。如今因特网上免费又优质的教学资源越来越多，正确的搜索方法将有助于高效地找到自己需要的学科教学资源。而获取这些优质资源的方法也是多种多样的，有些可以直接下载，有些则需要一定的技术支持。随着收集的教学资源越来越多，就需要对这些资源进行有效的整理和管理。例如，通过跨平台软件可以随时对本地或因特网资源进行访问与存取。

本章将通过实例，讲解如何搜索、下载和管理学科教学资源。

本章内容

管理学科资源　　　　下载学科资源　　　　搜索学科资源

1.1 搜索学科资源

对学科教师来说，经常使用的教学资源有文字资源、图片资源、音/视频资源和课件资源等。随着网络的普及，教学所需的资源很多都能在网上快速搜索到，不同资源的搜索方法不尽相同。

1.1.1 搜索文字资源

文字资源是最基本、最常用的资源，百度文库或学科网就提供了大量的教学资源，如教学设计、学科课程标准等。本节将介绍使用百度文库和学科网来搜索和下载学科文字资源。

实例1　搜索《钓鱼的启示》教学设计

上课之前的备课、撰写教学设计是教师必不可少的工作，这首先需要充分研究教材，然后构思自己的教学方案。为提高效率，可先在因特网上进行相关搜索，下载阅读，予以借鉴。百度文库提供了大量教学设计类的免费资源，在搜索栏中输入课题，指定格式，即可搜索出该课题的相关资源。由于有些资源下载时需要一定的财富值（下载券），所以注册成为百度文库用户并赚取一定的财富值是很有必要的。

跟我学

01 注册百度账号　在浏览器地址栏中输入网址"http://wenku.baidu.com/"，打开百度文库主页，在页面右侧找到登录窗口，按图1-1所示的操作，完成注册。

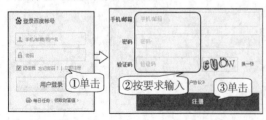

图1-1　注册百度账号

02 获取财富值　用户注册并激活百度账号后登录，按图1-2所示的操作，完成文档上传，获取财富值。

提示

上传的文档经审核后会获取一定的财富值；当文档被下载时，也会另外获取相应财富值。每天登录（签到）是获取财富值最简单的方法。

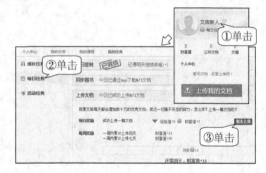

图1-2　获取财富值

03 搜索教学设计　打开百度文库首页，按图1-3所示的操作，完成《钓鱼的启示》教学设计的搜索。

图1-3　搜索教学设计

实例2　搜索数学中考试卷

试卷（试题）和教学设计一样，都是一线教师在课堂中经常要用到的学科资源。下面以搜索"2014年北京市中考数学试卷"为例，介绍如何在学科网中搜索资源。

进入学科网,通过网站的分类导航和筛选功能可以轻松搜索诸如中考试卷之类的资源。和百度文库类似,学科网有些资源需要一定的点数或储值才能下载,所以一般也要先注册成会员并获取一定的点数。

✎ **跟我学**

01 **注册账号** 进入学科网首页http://www.zxxk.com/,仿照百度账号的注册方式完成注册。

02 **获取储值** 用户注册成功并登录后,按图1-4所示的操作,选择合适的付款方式,获取储值。

图1-4 获取储值和点数

📍 提示

学科网上有许多免费资源可供下载,但也有不少资源是付费(点)的。储值可以转换成点数(反之不行),充值对于部分学科教师是不错的选择。

03 **获取点数** 按图1-5所示的操作,上传资料,获取点数。

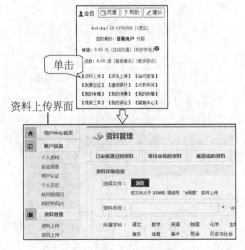

图1-5 上传资料

04 **搜索试卷** 进入学科网首页,按图1-6所示的操作,完成2014年北京中考数学试卷的搜索。

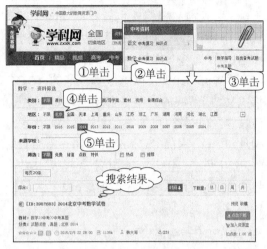

图1-6 搜索中考数学试卷

05 **查看与下载** 按图1-7所示的操作,查看与下载免费版试卷。

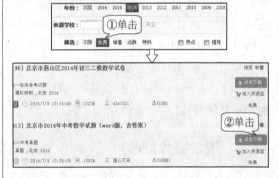

图1-7 查看与下载

📍 提示

如果筛选出的资源过多,则需要利用页面滚动条或翻页按钮,查找合适的资源。另外,不管资源是否免费,均需要登录后才能下载。

知识窗

1. 常见文档格式

常见的文字编辑软件有金山WPS软件和微软的Office软件两种。它们生成的文件格式最常见的分别是WPS和DOC(DOCX)。为便于文档在便携式设备上阅读,常将以上格式的文件转换成PDF(便携式文档格式)文件。

2. 文档间的兼容性

由于用户使用的编辑软件或软件版本不同,生成的文档格式也就不同。同一编辑软件,高版本可以打开低版本生成的文档;反之,不一定行。例如,Word 2003无法直接打开由Word 2007及以上版本生成的DOCX格式文档。解决的方法是安装Office 2007软件兼容包(该软件可以在百度软件中心下载,网址:http://rj.baidu.com/soft/detail/11125.html)。另外,金山WPS软件最新版本可以打开绝大多数Word文档,但Word无法打开WPS格式文档。

3. PDF转换格式

PDF格式文档虽方便阅读,但无法编辑。如果要编辑PDF文档,则要将其转换为可编辑的DOC(DOCX)文档格式。转换方式有很多,如利用软件PDF to Word Converter(该软件可在百度软件中心下载,网址:http://rj.baidu.com/soft/detail/20889.html?ald)进行转换。最简单的方法是利用Word 2010(或以上版本)打开PDF文件,再选择"另存为"命令将其保存为DOC文档。

1.1.2 搜索图片资源

图片资源是教师在教学过程中应用最广泛的资源,从早期的幻灯片到现在的课件制作,都离不开图片的使用。图片资源可以利用百度图片搜索引擎来搜索与获取。打开百度图片网(http://images.baidu.com),在搜索栏中输入图片内容的关键词,即可搜索到相应的图片。

实例3 搜索无背景荷花图片

制作课件时,有些图片要求是无背景(透明)的,如图1-8所示。无背景图片通常是以PNG格式存储的,所以在搜索这类图片时,要指定图片格式才能搜索到。

无背景图　　　　有背景图

课件背景

图1-8　两种图片效果对比

✎ **跟我学**

01 **打开百度图片** 在浏览器地址栏中输入"http://images.baidu.com",按回车键,进入百度图片首页。

02 **搜索图片** 在搜索框中输入关键词"荷花 png",按图1-9所示的操作,完成荷花的无背景图片搜索。

图1-9　搜索图片

◎ **提示**

关键词与格式(PNG)之间一般要用空格隔开。在搜索栏中输入高级搜索命令"filetype:png 荷花",也可以完成此类搜索。

03 **浏览与下载** 在搜索结果中找到自己满意的图片(预览图),按图1-10所示的操作,完成对该图的原图浏览与下载。

图1-10　浏览与下载

◎ **提示**

不是所有PNG格式的图片都是无背景(透明)的,有的是白色背景,要注意区分。

实例4 **搜索课件背景图片**

在制作课件时，搭配合适的背景图片，可以让课件更美观，所以搜索适合作课件背景的图片也是制作课件前的一项准备工作。

和百度搜索引擎一样，微软必应搜索引擎也是一款优秀的搜索引擎，利用微软必应可以搜索到出色的课件背景图片。

✍ **跟我学**

01 **打开必应图片**　在浏览器地址栏中输入"http://cn.bing.com/images/"，按回车键进入微软必应图片首页，如图1-11所示。

图1-11　必应首页

02 **设置显示语言**　按图1-12所示的操作，设置微软必应显示语言为简体中文。

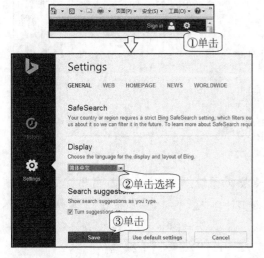

图1-12　设置显示语言

📍 提示

用IE浏览器首次打开微软必应，会显示英文语言，为方便使用，需将语言设置为简体中文；用其他中文浏览器打开该搜索引擎时，则会自动显示为简体中文。

03 **搜索图片**　按图1-13所示的操作，搜索课件背景图片。

图1-13　搜索图片

04 **选择尺寸**　按图1-14所示的操作，选择大小适合的课件背景图片。

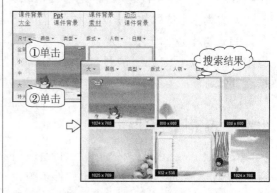

图1-14　选择尺寸

📍 提示

建议用大尺寸图片做课件背景，可以保证背景的清晰度。如果屏幕的分辨率为1024像素×768像素，建议课件背景图片的大小也应如此。

05 **浏览与下载**　找到满意的图片，单击进入大图模式，仿照实例1的操作，完成下载。

📍 提示

课件的背景图片不仅要尺寸适合，而且要求与模板颜色相配，一般不选择色彩过于浓艳的图片作为背景。

知识窗

1. 常用图片格式

教学中，常用的图片格式有：BMP、JPG、

GIF、PNG。BMP格式是Windows操作系统中的标准图像文件格式，它的优点是包含的图片信息丰富，但不能被压缩，占用磁盘空间一般较大。JPG格式的优点是既能占用极少的磁盘空间，又能保证较好的图片质量，目前应用最为广泛。GIF格式是图形交换格式，由于它具有占用磁盘空间小、可组成简单动画等优势而广泛应用于因特网。PNG是一种网络图像格式，它最大的优点是支持透明背景图片的制作。

2. 图像的像素与分辨率

图像是由一个个点组成的，这些点被称为像素；每英寸图像内所含像素的点数被叫作图像的分辨率，单位是像素/英寸（PPI），表达方式为水平像素数×垂直像素数。有时，图像的分辨率也称作图像大小（不同于打印出来的物理大小）。同一幅面的图像，分辨率越高越清晰。

1.1.3 搜索课件资源

在课堂上，直接使用的资源包括音/视频资源、Flash动画资源、PowerPoint课件资源。这些资源除利用搜索引擎搜索及获取外，还可以通过专业资源网获取。

实例5 搜索"二力平衡"课件

"二力平衡"是初中二年级物理学科教学内容，可以在百度文库中搜索有关该课的许多免费课件。百度文库除了拥有大量的文档外，也包含了许多教学中常用的PowerPoint课件。在百度文库搜索课件前，首先要清楚课本的版本、册数和课题，然后再在百度文库的教育专区搜索。

🖋 跟我学

01 **确定课件信息** "二力平衡"是初中二年级物理下册第八章的教学内容，教材版本是人教版。

02 **进入文库教育专区** 打开IE搜索引擎，进入

百度文库首页，按图1-15所示的操作，进入文库教育专区。

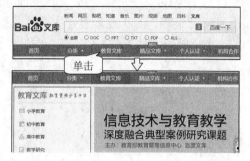

图1-15 进入文库教育

03 **进入学科首页** 利用教育文库中的分类导航，按图1-16所示的操作，进入初中物理人教版首页。

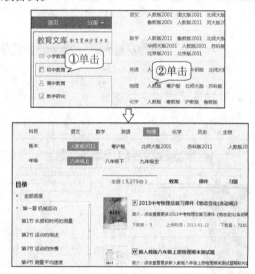

图1-16 进入学科首页

04 **目录查找** 根据已确定的课件信息，按图1-17所示的操作，找到"二力平衡"课件。

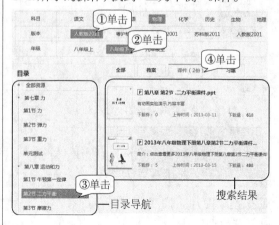

图1-17 目录查找

提示

通过网站的目录导航，可以找到具体一节课的所有资源（包括教案、课件、习题），但不能保证每节课都有合适的资源。

05 查看与下载 在搜索结果中找到合适的资源，按图1-18所示的操作，查看与下载课件。

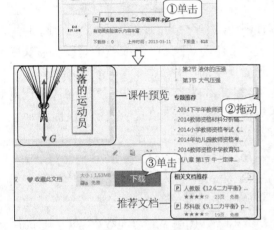

图1-18 查看与下载

提示

因特网下载的PowerPoint课件中，若插有外部资源（如动画、音/视频等），则外部资源可能无法播放。

实例6 搜索小学英语"Our School"课件

英语学科在各大资源网都很受重视，所以可以直接在资源网搜索小学英语"Our School"课件。国家基础教育资源网收录了包括英语学科在内的海量免费资源。学科教师在国家基础教育资源网注册成功后，通过分类导航或输入关键词（课题）就可以搜索和下载课件、课堂实录等资源。

跟我学

01 认识资源网 打开IE搜索引擎，在地址栏中输入"www.cbern.com.cn"并按回车键，进入国家基础教育资源网，如图1-19所示。

图1-19 认识资源网

02 注册账户 单击登录区的"注册"按钮，仿照注册百度账号的方式完成账户注册并登录。

提示

国家基础教育资源网要求教师实名注册，注册成功后即可免费下载网站资源。

03 进入分类导航 单击网站导航栏中的"按教材浏览"按钮，进入网站的"分类目录"页面。

04 分类搜索 根据确定的课件信息，按图1-20所示的操作，完成资源搜索。

图1-20 分类搜索

提示

国家教育资源网提供的资源类型主要有：图片、音/视频、动画、演示文稿等。不同类型的资源以不同的图标显示。

05 搜索课件 按图1-21所示的操作，完成"Our School"这一单元所有课件的搜索。

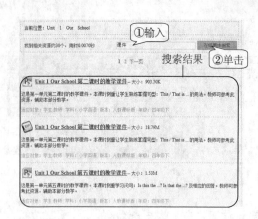

图1-21　搜索课件

💡 提示

　　搜索结果中的第2个资源是压缩包，其中包含音/视频或动画等其他资源，一般文件比较大，需解压后使用。

06　下载课件　单击需要下载的课件资源，进入下载页面，按图1-22所示的操作，完成课件的下载。

图1-22　下载课件

💡 提示

　　如果IE版本号低于8，则建议安装网站提供的"教育资源高速下载工具"进行下载。

知识窗

1. 教育资源网

　　随着教育信息化的发展，越来越多的教育资源网（平台）出现在广大师生面前。利用这些资源网（平台），一线教师可以快速获取优质免费的学科资源。除国家基础教育资源网外，还有许多省级和非官方的资源平台也很优秀。资源网不仅提供资源，还提供师生个人空间，极大地丰富了资源平台的应用。例如，国家教育资源公共服务平台（http://www.eduyun.cn/）、安徽基础教育资源应用平台（http://www.ahedu.cn/）、湖南基础教育资源网（http://www.hnzyzx.com/）、浙江教育资源网（http://www.zjer.cn/）等都是不错的资源平台。

2. 资源网个人空间

　　教育资源网大多会开设教师个人独立空间，方便教师上传和保存资源。大多数资源网开通个人空间需要实名注册，甚至需要身份证验证。申请成功后，在个人空间中，可以像博客网站一样设置个性化主页，分享与收藏资源。另外，参加省级或全国级"一师一优课""晒课"等活动也都需要在相应的资源网中开通个人空间。

1.2　下载资源

　　搜索资源是获取资源的第一步，只有下载后才能应用到教学中。前面搜索到的文字、图片、课件等资源基本上都是专业网站提供的，下载都比较方便。但因特网上许多资源并不提供直接下载方式，这就需要一定的方法或软件来完成下载。本节将通过实例分别介绍下载音频、视频时会使用的方法。

1.2.1　下载音频资源

　　教学过程中，需要使用音频资源的地方很多，如课件背景音乐、特殊音效、声音素材等。这些音频需要根据不同的来源选择不同的方法才能下载。

实例7 下载"流水声"

制作课件时，有时会用到自然界的各种声音，如流水声。获取这类素材最好的方法是到专业的素材网下载。声音网（http://www.shengyin.com/）提供了丰富的声音素材，并可免费下载。

✒ **跟我学**

01 进入声音网 打开浏览器，在地址栏中输入"http://www.shengyin.com/"并按回车键，进入声音网首页。

📍 **提示**

声音网除免费提供许多特殊音效和声音素材外，还可以付费为自己的课件、微课等寻求专业配音。

02 搜索江水声 按图1-23所示的操作，完成"江水声"的搜索。

图1-23 搜索江水声

03 试听效果 选择"奔腾江水声"，按图1-24所示的操作，进入试听网页进行试听。

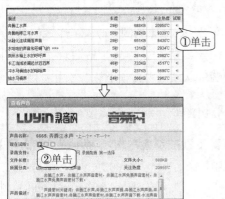

图1-24 试听声音

04 判断正确链接 在试听页面的下方，找到下载区，按图1-25所示的操作，判断正确的文件下载链接。

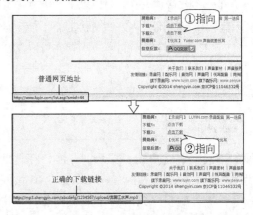

图1-25 判断下载链接

📍 **提示**

在下载区，有2个下载按钮，只有一个是正确的下载链接。将鼠标指向链接并观察网页下方的提示信息，正确的链接会显示要下载的文件名。

05 下载文件 按图1-26所示的操作，下载声音文件。

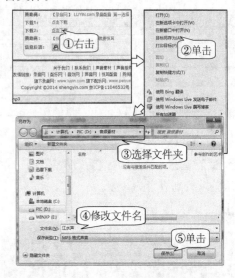

图1-26 下载文件

📍 **提示**

单击下载按钮，系统会自动弹出默认下载工具；如果系统安装了迅雷等下载软件，会弹出迅雷下载对话框。

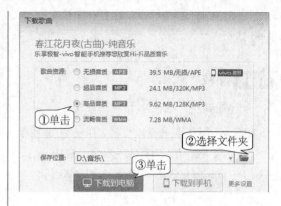

图1-28 下载音乐

实例8 下载音乐"春江花月夜"

制作课件时，为增强课件的前奏效果，会为课件配一首背景音乐。因特网上的有些音乐会因为版权等原因，只能在线欣赏而不能无偿下载。利用一些音乐网的客户端软件可以解决部分音乐的下载问题，如酷我音乐客户端就提供许多免费音乐。

✍ 跟我学

01 下载安装客户端 打开浏览器，在地址栏中输入"http://mbox.kuwo.cn/"并按回车键，进入酷我音乐客户端下载页面，单击"立即下载"按钮，完成文件下载并安装。

◉ 提示

安装软件到最后一步（即单击完成前），将其他软件安装选项的复选框全部去除，以免其他不需要的软件被安装。

02 搜索音乐 打开酷我音乐客户端，按图1-27所示的操作，搜索音乐"春江花月夜"。

图1-27 搜索音乐

03 试听音乐 单击"试听"按钮∩，试听音乐，以找到满意的音频。

◉ 提示

课件背景音乐除要和教学内容相协调外，还要注意是否有唱词；一般选用纯音乐或轻音乐作为背景音乐。

04 下载音乐 单击下载按钮↓，按图1-28所示的操作，完成文件下载。

◉ 提示

课件中使用的音乐不是品质越高越好，超高品质文件过大，不利播放和携带；另外，超高品质的音乐一般不提供免费下载。

1.2.2 下载视频资源

从教学需要的角度看，视频资源主要有直接用于课堂教学的视频片段（如微课）和用于指导教学的课堂实录。这些资源既可以通过教育资源网获取，也可通过爱奇艺、优酷、搜狐等视频网站获取。资源网的资源下载一般比较简单；而在视频网站下载视频则需要借助网络客户端或其他特殊方法才能下载。

本节将通过实例介绍利用客户端和工具软件下载视频资源。

实例9 下载"海燕"课堂实录

刚走上工作岗位的一线教师，观看和研究优秀的课堂实录是提升自己教学能力的一个有效方法。优酷网就收录了许多优秀且免费的课堂实录之类的教学资源。借助优酷网客户端可以轻松观看和下载"海燕"课堂实录。

✍ 跟我学

01 下载安装客户端 打开浏览器，在地址栏中输入"http://mobile.youku.com/"并按回车键，进入优酷网客户端下载页面，按图1-29所示的操作，完成软件下载并安装。

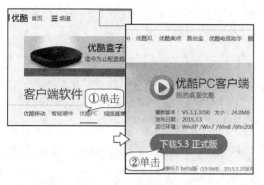

图1-29 下载客户端

02 搜索视频 打开优酷客户端，按图1-30所示的操作，搜索"海燕"课堂实录。

图1-30 搜索视频

提示

视频搜索的关键词一般为"课题＋类型"；课题与类型之间要用空格隔开，如"火烧云 微课"等。

03 观看与下载 找到满意的视频，按图1-31所示的操作，观看并下载。

图1-31 下载视频

04 查看下载文件 下载完毕后，按图1-32所示的操作，查看文件的相关信息。

图1-32 查看文件

提示

优酷网下载的视频格式多是FLV格式，如果转换成其他格式，可以利用客户端的转码功能进行转换。

实例10 下载"平行四边形的面积"微课

在组织"平行四边形的面积"这节课的教学时，除在课堂上使用课件等教学资源外，还可以利用微课进行课内或课外辅导。微课的制作较为费时费力，所以直接在因特网上获取微课是不错的选择。

本例将使用遨游云浏览器自带的资源嗅探器，获取"平行四边形的面积"微课资源的链接，并下载视频。

跟我学

01 安装遨游云浏览器 打开IE浏览器，在地址栏中输入"http://www.maxthon.cn/"并按回车键，进入遨游主页，下载并安装遨游云浏览器Windows版。

02 进入百度视频 打开遨游云浏览器，在地址栏中输入"http://v.baidu.com/"并按回车键，进入百度视频搜索。

03 搜索视频 按图1-33所示的操作，完成"平行四边形的面积"微课视频的搜索。

图1-33　搜索视频

04 **播放视频**　单击要查看的视频，进入播放页面。

05 **嗅探下载**　按图1-34所示的操作，完成视频的链接嗅探并选择下载。

提示

遨游嗅探器不一定能嗅探出所有网站的视频链接；另外，若嗅探出来的视频文件过小，则可能是网页中的广告，要加以识别。

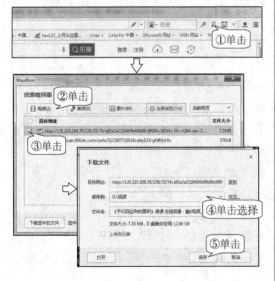

图1-34　下载视频

实例11 **下载"珍珠鸟"说课视频**

在各类教师教学业务水平比赛中，说课是一项最常见的比赛形式。教师在说课过程中，除要有精彩的课件支持外，教师自身的语言和表现力也非常重要。多观看和学习优秀的说课视频可以提高教师的说课能力。

本例将通过百度视频搜索"珍珠鸟"说课视频并用"维棠"软件下载。

跟我学

01 **下载安装维棠软件**　打开IE浏览器，在地址栏中输入"http://www.vidown.cn/"并按回车键，进入"维棠"主页，下载并安装"维棠"软件。

02 **进入百度视频**　打开IE浏览器，在地址栏中输入"http://v.baidu.com/"并按回车键，进入百度视频搜索。

03 **搜索视频**　按图1-35所示的操作，完成"珍珠鸟"说课视频的搜索。

图1-35　搜索视频

04 **复制播放网址**　根据搜索结果的提示，找到满意的视频，单击进入播放状态，按图1-36所示的操作，复制播放网址。

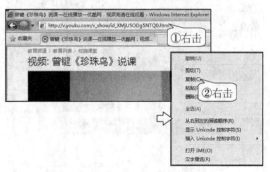

图1-36　复制网址

提示

有的视频进入播放页面时，浏览器提示安装插件，此时需要确定安装才能正确播放。

05 **维棠下载** 打开"维棠"软件,按图1-37所示的操作,新建下载任务并完成下载。

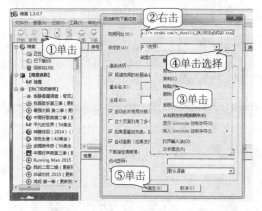

图1-37 维棠下载

06 **查看文件** 按图1-38所示的操作,查看下载文件,了解文件相关信息。

图1-38 查看文件

提示

维棠软件支持将FLV格式转换成MP4格式;另外,如果视频是由多个片段组成,可借助"合并"工具进行合并。

知识窗

1. 常用音频格式

教学中常用的音频格式有多种,不同格式的音频其音质也会不同,且可能需要使用不同的播放器来播放。MP3格式的音频是最常见的一种有损压缩格式,其特点是音质好且文件体积小;在教学中应用也最广。WAV格式是微软公司开发的一种声音文件格式,是最经典的Windows多媒体音频格式,应用非常广泛;打开它的工具是Windows的媒体播放器。WMA音频格式是微软公司推出的与MP3格式齐名的一款新的音频格式,音质好且压缩率较高,常用于在线音乐网站。MID格式文件主要用于原始乐器作品、流行歌曲的业余表演、游戏音轨以及电子贺卡等,在音乐课上有较高的使用率。

2. 常用视频格式

教师在制作课件和教学过程中,使用视频的情况也很多,不同格式的视频作用不同,使用的环境也不同,所以教师要了解常用的视频格式及其特点。教学中常用的视频格式和性能特点如表1-1所示。

表1-1 常用视频格式

格 式	特 点	教学应用
AVI	图像质量好,可跨平台使用,体积庞大,未限定压缩标准,可用不同压缩算法生成	存储原始素材
MPEG	VCD制作格式,扩展名:.mpg、.mpe、.mpeg和.dat	MPEG能够被常用的播放器兼容,通用性较强,数据量小,教学中经常将教学视频刻录成VCD、DVD等格式保存,也可直接插入到多媒体教学课件中使用
	DVD/SVCD、HDTV制作格式,扩展名:.mpg、.mpe、.mpeg、.m2v和.vob	
	高质量的流媒体制作格式,利用很窄的带宽保存接近于DVD画质的小体积视频文件,扩展名:.asf、.mov和.DivX	
MOV	具有先进的视频、音频功能,具有跨平台性	远程教育网站经常使用
ASF	压缩率和图像质量都很高,可使用Windows Media Player直接播放	网络教学中的主流视频文件格式
WMV	压缩率高、存储容量小、传输速度快;使用Windows Media Player播放器,常用于在网上实时观看视频	教学网站的主流媒体格式

格式	特点	教学应用
RM、RMVB	根据不同的网络速率制定不同的压缩比，在低速率网络上实时传送和播放影像；使用Realplayer或RealOne Player播放器可以实现音视频的在线播放	在线播放视频流媒体文件的主要格式
FLV	全新的流媒体视频格式，观看速度快，适合制作短片；浏览器只要安装了Flash动画控件，就可以在线观看	逐步成为教育网站播放的主要流媒体格式

1.3 管理资源

获取资源后，不管是直接应用，还是再加工使用，都需要先存放在计算机磁盘中。随着收集的资源越来越多，科学合理地存放资源很有必要。通过优化系统和分类存放可以让计算机空间得到有效利用，同时提高资源的利用效率。本节分别介绍如何有效管理本地与网络资源以及如何利用客户端软件实现对资源的跨平台管理。

1.3.1 本地资源管理

许多教师从因特网获得学科资源后，会随便地将资源存放在桌面和其他命名不规范的文件夹中，这是一个不好的习惯。因为桌面的位置大多在系统盘，系统崩溃后将很难恢复；而存放至命名不规范的文件夹中将为以后提取文件带来麻烦。本小节将介绍如何在Windows 7系统环境下整理本地资源以及借用工具整理系统文件夹。

实例12 规范文件存储

计算机安装系统后，硬盘分区都已被划分好，学科教师一般不用考虑分区，也不宜修改分区。但学科教师可以对分区进行命名，合理安排分区的使用，在同一分区存储相似类型的文件。最后，在存储文件时，要科学、规范地对文件和文件夹进行命名。

跟我学

01 命名磁盘分区 单击"开始"按钮，选择"计算机"命令，按图1-39所示的操作，并按回车键确认，完成第1个磁盘分区的命名。

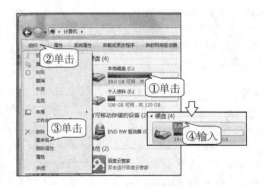

图1-39 命名磁盘分区

02 其他分区命名 依照步骤1完成其他分区的命名，效果如图1-40所示。

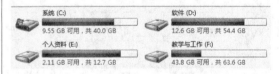

图1-40 磁盘分区命名效果

提示

磁盘分区的命名虽没有统一的要求，甚至可以不命名，但是科学、规范地对分区命名，可以提高文件的存取速度。

03 排序"我的文档" 单击"开始"按钮，选择"文档"命令，打开"我的文档"文件夹，删除空文件夹后，按图1-41所示的操作，分类显示"我的文档"文件夹。

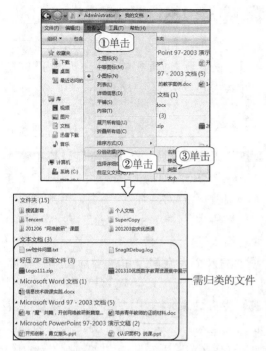

图1-41 分类显示文件

提示

> 随着新软件的安装和使用，"我的文档"文件夹中会生成越来越多的文件和文件夹，需要不定期清理和整理。

04 整理"我的文档" 右击空白处，选择"新建"→"新建文件夹"命令，新建"文本文档""压缩包""Word文档"和"PPT文档"等文件夹，再分别将相应文件移至其中，整理后的"我的文档"效果如图1-42所示。

图1-42 整理后的"我的文档"

提示

> 若有些文件与某个活动或项目相关，可以建立一个带时间加活动名的文件夹来集中存储。

05 新建桌面快捷方式 打开"迅雷下载"文件夹所在分区，右击"迅雷下载"文件夹，选择"发送到"→"桌面快捷方式"命令，为"迅雷下载"文件夹新建桌面快捷方式。

提示

> 对于需要频繁打开的文件或文件夹，可以在桌面上新建该文件或文件夹的快捷方式以实现对其快速访问或打开。

06 清理桌面 新建一个文件夹，将其命名为"非常用图标"，将桌面不常用的快捷方式拖入其中，或直接将它们删除。

提示

> 桌面快捷方式太多而不清理是不良用机习惯，另外，桌面一般也不宜长期存放文件或文件夹。

实例13 优化系统

Windows 7系统在使用一段时间后，系统盘空间会越来越小，严重时会影响系统的运行速度。为减轻系统盘的空间压力和保护重要文件不丢失，可利用软媒魔方软件将"我的文档""桌面"等常用的用户文件夹转移到非系统盘；另外，利用软媒魔方软件还可以清理系统中的垃圾文件。

跟我学

01 下载安装软媒魔方 进入软媒魔方官网 http://mofang.ruanmei.com/，下载软件并完成安装。

02 启动软件 单击"开始"按钮，选择"所有程序"→"软媒软件"→"软媒魔方"→"软媒设置大师"命令，完成软件启动。

03 设置系统文件夹 按图1-43所示的操作，完成部分系统文件夹位置转移。

04 清理系统垃圾 单击"开始"按钮，选择"所有程序"→"软媒软件"→"软媒魔方"→"软媒清理大师"命令，运行清理软件，按图1-44所示的操作，完成扫描后自动清理垃圾。

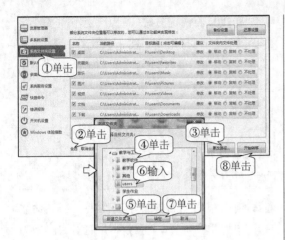

图1-43　设置系统文件夹

图1-44　清理系统垃圾

提示

除选择"一键清理"方式外，还可以根据需要选择其他清理系统方式，如可选"尝试清理""系统瘦身"等方式进行系统清理。

1.3.2　网络资源管理

随着"三通两平台"的全面实施和开通，一线教师获取各类优质资源越来越容易。当下，各级教育主管部门正通过各种活动（如"一师一优课"）来充分提高网络空间和资源平台的利用率，所以有效利用中央和省两级教育资源网空间是每一位教师的责任和义务。另外，本地资源（包括教学资源和个人资料）日益庞大，而网络又无处不在，所以拥有自己的云空间将会给工作带来许多便利。

本小节将通过实例分别介绍教育资源网个人空间和百度云空间的应用和管理。

实例14　管理教育资源网个人空间

一线教师和学生通过"网络学习空间"可以轻松参与"教育资源公共服务平台"的建设和共享。

跟我学

01 进入资源平台　在浏览器地址栏中输入"http://www.eduyun.cn/"并按回车键进入国家教育资源公共服务平台，单击页面上方导航栏中的"登录"按钮，使用实例6中注册的账号登录平台。

02 进入个人空间　单击导航栏中的"空间"按钮，进入个人空间首页。

03 发表文章　按图1-45所示的操作，完成正文输入后，单击网页下方的"发表"按钮，完成文章发布。

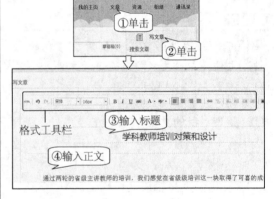

图1-45　发表文章

04 分类管理　单击导航栏中的"文章"按钮，按图1-46所示的操作，添加主分类。

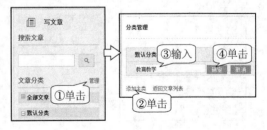

图1-46　分类管理

提示

文章分几个主分类以及每个主分类下安排几个子分类，均可根据个人需要设计。

05 新建资源文件夹 单击导航栏中的"资源"按钮，按图1-47所示的操作，分别建立"文字资源""课件资源""影音资源"3个常用资源文件夹。

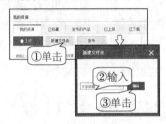

图1-47 新建文件夹

06 上传资源 按图1-48所示的操作，上传课件到"课件"资源文件夹。

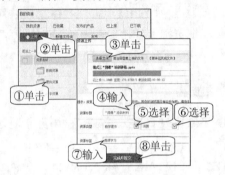

图1-48 上传资料

提示

首次上传时，浏览器会提示安装续传控件，按提示安装后即可正常上传资源。

07 发布资源 单击"我的资源"选项卡，按图1-49所示的操作，进入发布页面，按要求填写相关信息，完成资源发布。

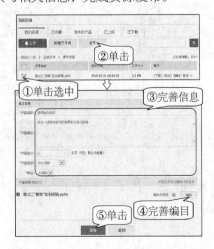

图1-49 发布资源

提示

上传的资源必须有原创性，填写的相关信息也必须正确无误；和百度文库相似，发布时可以为作品设置一定的云币作为下载的有偿回报。

实例15 管理百度云网盘

在云空间还不普及的时候，U盘是一线教师携带课件等资源的必备工具。如今随着"三通"工程的全面普及，网络已无处不在，拥有自己的云空间后，可以更方便、有效地存取文件。如今云空间、云盘非常多，如360云盘、金山快盘等；本例将借助前面已注册的百度账号介绍百度云盘的使用和管理。

跟我学

01 登录百度云网盘 在浏览器地址栏中输入"http://pan.baidu.com/"，按回车键进入百度云网盘首页，并用前面已注册的百度账号登录。

02 新建文件夹 按图1-50所示的操作，在网盘中新建文件夹。

图1-50 云盘新建文件夹

03 新建其他文件夹 仿照前面的步骤，新建其他常用文件夹，效果如图1-51所示。

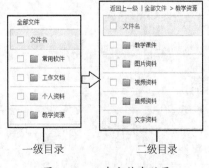

图1-51 云盘文件夹效果

04 上传文件 按图1-52所示的操作，完成课件资源的上传。

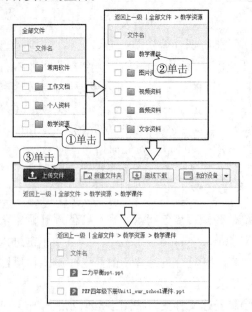

图1-52 上传文件

05 下载文件 进入网盘，依次单击文件夹，按图1-53所示的操作，完成课件资源的下载。

图1-53 下载文件

1.3.3 跨平台资源管理

虽然通过浏览器也能访问和管理云盘，但若要更便捷地查看、上传、下载百度云端上的各类数据，则需要借助客户端来实现。本节将通过实例介绍利用百度云管家客户端实现计算机、手机、网络空间的资源同步和管理。

实例16 使用计算机端管理云盘

如果要快速备份计算机中的资源或要让云盘中的资源随时与计算机中的资源保持一致，就需要利用百度云管家计算机端软件来实现。安装百度云管家后，管理云盘资源就如同管理本地资源一样方便；另外，还可以方便地将云盘中的资源分享给别人。

✍ **跟我学**

01 下载安装百度云管家 在浏览器地址栏中输入"http://pan.baidu.com/download"，并按回车键进入客户端下载网页，下载百度云管家并完成安装。

02 登录云管家 打开云管家，使用前面已注册的百度账号登录云管家。

03 上传文件夹 按图1-54所示的操作，上传本地文件夹到云盘。

图1-54 上传文件夹

04 分享文件 按图1-55所示的操作，生成要分享文件的链接。

入"http://pan.baidu.com/download"，并按回车键进入客户端下载页面，按图1-57所示的操作，完成短信发送。

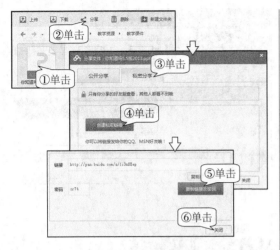

图1-55　分享文件

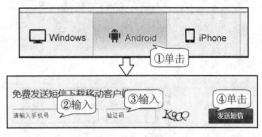

图1-57　获取下载链接

提示

如果选择公开分享，则在浏览器地址栏输入分享的链接，回车后即可访问和下载分享的资源而无需密码。

02 手机安装百度云　打开短信，按图1-58所示的操作，完成手机客户端安装。

05 设置文件夹自动备份　按图1-56所示的操作，设置"我的文档"文件夹自动备份。

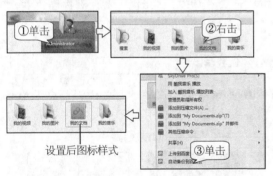

图1-56　设置自动备份

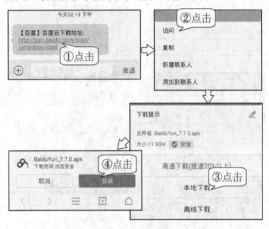

图1-58　在手机上安装百度云

提示

建议在WiFi环境下下载，否则将消耗大量流量；另外，手机安装软件时，会有安全之类的提醒，需要确认通过。

实例17　使用安卓手机管理云盘

随着智能手机和无线网络的普及，使用手机直接管理云盘资源是一个不错的选择。在手机安装百度云客户端后，就可以利用手机轻松实现手机资源与云盘资源的快速互动。本例将介绍利用安卓智能手机上传和下载资源。

03 登录与设置　手机打开百度云，输入百度账号和密码登录，根据个人备份需要点击相应开关，完成设置。

提示

手机首次登录百度云，会要求用户设置"图片""通讯录"等自动备份功能，可根据需要选择。

跟我学

01 手机获取百度云　在浏览器地址栏中输

04 新建文件夹　按图1-59所示的操作，完成文件夹的新建。

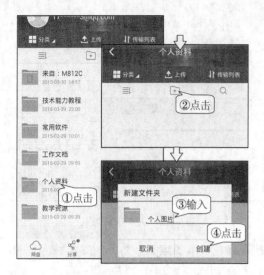

图1-59　设置手机百度云自动备份

05 上传图片　按图1-60所示的操作，上传手机图片到云盘"个人图片"文件夹。

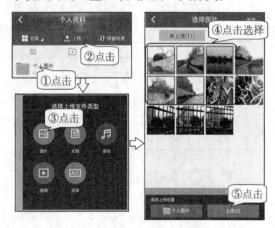

图1-60　上传图片

提示

通过手机端上传和下载文件时建议在WiFi环境下进行，不然会消耗大量流量。

06 下载文件　点击手机返回键返回至云盘根目录，再依次点击文件夹找到要下载的文件，按图1-61所示的操作，将文件下载至手机。

提示

使用百度云手机客户端下载文件到手机时，默认的存储位置是手机根目录下的BaiduNetdisk子目录，用户也可以自行设置存储位置。

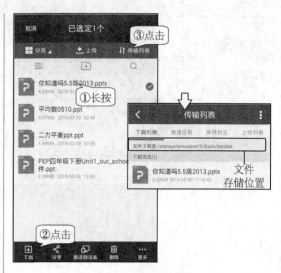

图1-61　下载文件

实例18 使用苹果平板电脑管理云盘

不管是日常教学还是日常学习、娱乐，越来越多的教师使用苹果平板电脑（iPad）。利用iPad自带的应用商店可以下载百度云客户端，通过客户端，iPad也可以轻松管理百度云盘，实现云盘空间与平板空间的资源共享。

跟我学

01 平板获取百度云　打开iPad，点击App Store图标，打开应用商店，按图1-62所示的操作，获取百度云HD版。

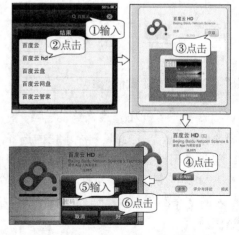

图1-62　获取百度云

02 登录与设置　使用百度账号登录，并完成自动功能快速设置。

03 **上传图片** 按图1-63所示的操作，完成图片上传。

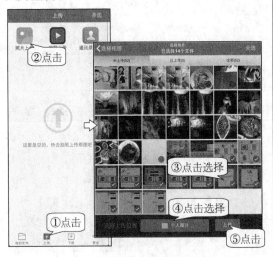

图1-63 上传图片

04 **下载资源** 按图1-64所示的操作，下载课件资源。

图1-64 上传图片

05 **查看下载的资源** 按图1-65所示的操作，查看课件。

图1-65 查看资源

知识窗

1. 系统易混乱区域

为更方便地使用计算机，要经常合理分组和整理文件（文件夹），整理前应该先了解系统中最容易混乱的区域，做到有针对性的整理。Windows 7系统容易混乱的区域如表1-2所示（X：表示系统盘符）。

2. 目录分类原则

整理计算机中的文件时，要根据自己的使用习惯和需要创建有意义的目录，再分别存放相应分类的文件（夹）。例如，可以在磁盘根目录或者某一总文件夹内创建"工作""学习""娱乐"等分类，也可以按照日期和时间、相关的人、活动项目、文件类型、地点等分类。只要让目录看起来更容易识别，方便查找即可。

另外，在已经分好类的文件夹中，若文件还是很多，则尽量根据文件属性，创建一些子目录，再将相关的文件分别存放到子目录中。但需要注意的是，不要创建层次很深的目录结构，这样反而不便查找。

表1-2 系统易混乱区域

名　称	位　置	实　例
桌面 （Desktop）	X:\用户\用户名称\Desktop	▶ 计算机 ▶ 系统 (C:) ▶ 用户 ▶ Administrator ▶ 桌面 ▶
我的文档 （My Documents）	X:\用户\用户名称\Documents	C:\Users\Administrator\Documents
下载目录	X:\用户\用户名称\Downloads	C:\Users\Administrator\Downloads

3. 常见的智能移动终端

在教学中，常见的智能移动终端设备主要有智能手机和平板电脑，它们所使用的操作系统主要有Android（安卓系统）、iOS（苹果系统）、Windows Phone（微软系统）等。这些智能移动终端除了可以通过无线连接网络外，还可以通过安装第三方应用软件来实现丰富的功能，但它们之间的应用软件互不兼容。

在计算机中安装相应的软件（如应用宝、ituns），并将数据线与终端连接，就可以轻松获取和安装丰富的第三方应用软件。另外，这些智能终端一般都带有应用商店，通过应用商店也可以直接下载、安装第三方应用软件（如实例18）。

第 2 章

多媒体教学素材加工

多媒体教学素材包括文本、图形、图像、音频、视频、动画等，加工与处理多媒体素材是制作多媒体作品的前提条件。多媒体素材的加工与处理也是整个多媒体教学中最为困难和关键的过程，在此阶段，要和各种工具软件打交道，按照教学设计加工处理素材。素材制作是否成功，直接影响多媒体课件的表现力、特色和实用性。

本章通过实例，介绍各种类型素材的加工方法。

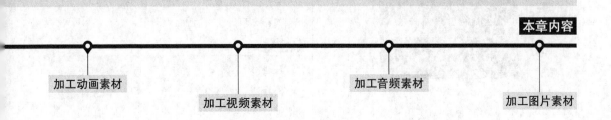

本章内容

加工动画素材

加工视频素材

加工音频素材

加工图片素材

2.1 加工图片素材

图形和图像是认识现实世界的重要信息形式，其表现形式生动、形象、直观，具有文本和声音所不能比拟的优点。在多媒体课件中一般要大量使用图形和图像，恰当的处理与加工图像素材是多媒体教学的基础。

2.1.1 调整图像

获取的图像与实际的教学需求往往存在一些差异，因此需要对获取的图像进行一些调整和变换，一般涉及大小的调整，色彩的调整，图像的旋转、变形、翻转等。

实例1 调整图像大小

如果使用的图像非常大，或文件格式采用得不当，会使制作的课件存储空间变大，而且课件运行的速度也会相应地变慢。这时就需要将图像大小或格式做适当的调整后再使用。本例介绍修改图片大小的操作，修改前后的效果如图2-1所示。

改变图像大小有3种方法：一是改变图像的尺寸；二是改变图像的存储格式；三是改变图像的画质。这样可以减少文件所占的磁盘空间，从而加快课件的运行速度。本例通过修改图像尺寸改变图像大小。

修改前

修改后

图2-1 修改图像大小

📕 **跟我学**

01 **运行软件** 下载并安装"美图秀秀"软件，运行软件，其界面如图2-2所示。

图2-2 "美图秀秀"界面

02 **打开图片** 单击右上角的"打开"按钮 📂打开，弹出"打开一张图片"对话框，按图2-3所示的操作，打开素材图片。

图2-3 打开素材

03 **调整尺寸** 单击右上角的"尺寸"按钮 📐尺寸，弹出"尺寸"对话框，按图2-4所示，完成调整图片大小的操作。

📍 **提示**

选中"锁定长宽比例"复选框，只要更改宽度或高度中的一个值，另一个值将按比例随之改变。

图2-4　调整图片大小

04 **保存与分享**　单击右上角的"保存与分享"按钮 ，弹出"保存与分享"对话框，按图2-5所示，完成图像保存操作。

图2-5　保存文件

💡 提示

> 选择不同的格式和画质均可以改变图片的容量大小，格式一般选择压缩文件格式JPG；画质越低图片越小，但画质低影响作品视觉效果，一般不建议更改。

实例2 **裁剪图像**

在教学中，经常遇到需要将扫描后的图像的黑边去掉、选取图像的一部分插入试卷等情况，这些都要用到裁剪。本例介绍裁剪图像操作，裁剪前后的效果如图2-6所示。

裁剪前　　　　　　裁剪后

图2-6　裁剪图像

使用"美图秀秀"软件中的"裁剪"工具进行图片裁剪，在所需裁剪区域上拖动鼠标指针，选定剪裁区域，即可完成剪裁。

🚀 跟我学

01 **打开图片**　运行"美图秀秀"软件，打开素材文件"化学实验.jpg"。

02 **裁剪图片**　单击右上角的"剪切"按钮 ，弹出"裁剪"对话框，按图2-7所示的操作完成图片裁剪。

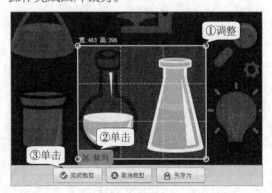

图2-7　裁剪操作

💡 提示

> 裁剪图像有多种方法，可以自由裁剪或根据需要按照一定的比例裁剪，也可以指定高度和宽度裁剪等。美图秀秀提供多种裁剪比例和裁剪形状。

03 **保存与分享**　单击"保存与分享"按钮，保存图片。

实例3 调整图像色调

数码相机拍摄教学素材时，光线对图片影响较大，光线不佳时拍出的照片会出现颜色偏暗、色彩不鲜艳等效果。需要后期对色调进行适当的调整，调整前后的效果如图2-8所示。

调整前

调整后

图2-8 调整色调

本例使用Photoshop CS6软件调整图像的亮度、对比度和颜色等以还原图像真实的色调。

跟我学

01 运行软件 下载并安装Photoshop CS6软件，运行软件，软件界面如图2-9所示。

图2-9 Photoshop CS6界面

提示

Photoshop CS6安装后默认的外观颜色为黑色，可以通过选择菜单栏里的"编辑"→"首选项"→"界面"命令，将颜色修改为其他颜色。

02 打开图片 选择菜单栏里的"文件"→"打开"命令，弹出"打开"对话框，按图2-10所示的操作，完成图片打开。

图2-10 打开图片

03 调整亮度/对比度 选择菜单栏里的"图像"→"调整"→"亮度/对比度"命令，弹出"亮度/对比度"对话框，按图2-11所示的操作，完成亮度/对比度调整。

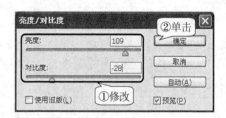

图2-11 调整亮度对比度

04 调整色相/饱和度 选择"图像"→"调整"→"色相/饱和度"命令，弹出"色相/饱和度"对话框，按图2-12所示的操作，完成色相/饱和度调整。

图2-12 调整色相/饱和度

05 调整色彩平衡 选择"图像"→"调整"→"色彩平衡"命令，弹出"色彩平衡"对话框，按图2-13所示的操作，完成色彩平衡调整。

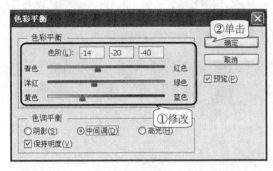

图2-13 调整色彩平衡

06 保存文件 选择"文件"→"存储"命令，保存图片。

2.1.2 修复图像

有些图片存在一些瑕疵，如图片中有污点、红眼或者有多余的部分，可以使用修复工具处理掉这些图片中的瑕疵。

实例4 利用修复工具处理图像瑕疵

图像修复方法较多，Photoshop CS6提供了多种修复图像的工具，本例使用"修补工具"将天空中的"飞鸟"去除，修补前后效果如图2-14所示。

修补前　　　　　修补后

图2-14 修补前后图像对比

使用修补工具选择天空中的空白区域作为修补用的"补丁"，将"补丁"拖放至"飞鸟"区域，完成修补。

跟我学

01 打开图片 运行Photoshop CS6软件，打开素材文件"操场.jpg"。

02 选择并设置修补工具 在工具箱中单击"修补"工具，并设置修补工具属性，属性设置如图2-15所示。

图2-15 修补工具属性

03 选择修补源 使用"修补工具"选中飞鸟右侧一块空白区域作为修补源。

04 修补图像 将选取的区域拖放至飞鸟上，这时飞鸟区域将被自动修补成天空，效果如图2-16所示。

拖放前　　　　　拖放后

图2-16 修补图像

2.1.3 合成图像

合成图像包括图片与图片的合成、文字与图片的合成、图片间的合成，可以进行简单的拼图和溶图。拼图就是将两张或两张以上的图片放在一张画布上，溶图是将多张图片融合在一起，并且是无缝合成，效果较好。一般用于课件的封面、背景或制作海报等。

实例5 使用抠图合成图像

本例使用Photoshop CS6中的魔棒工具将原图中的"弹簧秤"从背景中抠出，并粘贴到课件的封面上。抠图应用前后效果如图2-17所示。

原图　　　　　　　抠图应用后

图2-17　抠图应用

✍ 跟我学

01 **打开图片** 运行Photoshop CS6软件，打开素材文件"弹簧秤.jpg"。

02 **选中背景** 按图2-18所示的操作，完成背景的选择。

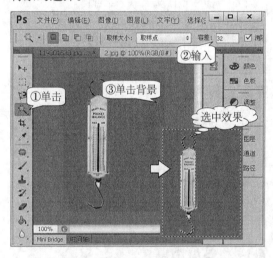

图2-18　用"魔棒"工具选择图片

03 **反选图片** 选择"选择"→"反向"命令，选中"弹簧秤"主体。

04 **复制图片** 选择"编辑"→"拷贝"命令，完成"弹簧秤"的复制。

05 **粘贴图片** 打开"封面.jpg"，选择"编辑"→"粘贴"命令，将"弹簧秤"粘贴到背景中，完成图片的合成操作。

实例6 添加变形文字

多媒体作品的封面一般都是图片和文字的合成，使用图片处理工具可以制作出具有视觉冲击力的文字效果，如扭曲、膨胀和挤压等。例如图2-19使用了变形文字功能制作文字特效。

图2-19　变形文字效果

✍ 跟我学

01 **打开图片** 运行Photoshop软件，打开素材文件"蜗牛的奖杯.jpg"。

02 **设置文字属性** 单击工具箱中的"横排文字工具"按钮 T，按图2-20所示，设置文字属性。

图2-20　文字工具栏属性

03 **输入文字** 在窗口中适当位置输入文字"蜗牛的奖杯"。

📍 提示

文字输入完成后，单击属性栏中的"提交所有当前编辑"按钮 ✓，即可确认输入。

04 **文字变形** 单击属性栏中的"创建文字变形"按钮 ，弹出"变形文字"对话框，按图2-21所示的操作，完成文字变形制作。

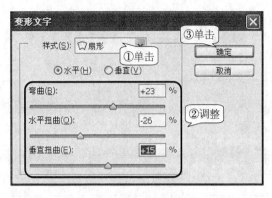

图2-21 文字变形

2-22左图中的小鱼抠出，抠图前后效果如图2-22所示。

原图　　　　　　　　抠图后

图2-22 抠图笔抠图

创新园

1. 使用抠图笔抠图

使用"美图秀秀"的抠图笔工具将图

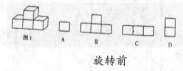

旋转前

2. 旋转图像

使用"美图秀秀"的旋转工具将图2-23左图略微逆时针旋转，旋转前后效果如图2-23所示。

旋转后

图2-23 旋转图像

知识窗

1. 分辨率

分辨率是指单位长度上像素的多少。单位长度上像素越多，分辨率越高，图像相对就越清晰。分辨率有多种类型，可以分为图像分辨率、显示器分辨率和打印机分辨率等。图像分辨率越高，图像文件所占的磁盘空间就越大，编辑和处理该图像文件所花费的时间也就越长。

2. 文件格式

文件格式是指数据保存的结构方式，一个文件的格式通常根据扩展名来区分。

Photoshop支持多种文件格式，如PSD、JPG、GIF、BMP等。

3. 图层

图层是组成图像的基本元素，图像的每个部分都可以分别放置在不同的图层中，这些图层叠放在一起即形成完整的图像效果，增加或删除任何一个图层都可能影响整个图像的效果，但对其中任何一个图层进行编辑并不影响其他图层的内容。在Photoshop中可以通过菜单命令实现新建、删除等图层操作，也可以通过"图层"面板上的"创建新图层"和"删除图层"按钮 实现快捷操作。

2.2 加工音频素材

声音是教学中应用的重要媒体，首先在语言学习、音乐学习中，声音本身是学习的重要内容，其次声音是交流工具，通过音频可以传递和交流信息、烘托气氛等。在日常教学中，需要对声音素材进行处理、编辑等操作，这些操作都需要一定的技术支持。

2.2.1 剪裁与拼接声音

剪裁与拼接声音素材是处理声音时最常用的技术,在教学中,有时需要使用某音频文件中的一小部分,这时需要对音频文件进行剪裁,删除不需要的地方;有时又需要对素材进行重组,形成新的声音文件,这时就需要对声音素材进行拼接。

实例7 剪裁声音

获取音频文件中的一部分,可以通过删除多余部分实现,也可以通过剪裁需要的部分来实现。本例采用剪裁操作,从素材中剪裁出前10秒声音片段。

✏️ 跟我学

01 运行软件 下载、安装并运行GoldWave软件,软件界面如图2-24所示。

图2-24　GoldWave界面

02 打开文件 选择"文件"→"打开"命令,弹出"打开声音文件"对话框,按图2-25所示的操作,打开"背景音乐.mp3"。

03 设置"开始"与"结束"时间点 选择"编辑"→"标记"→"设置标记"命令,弹出"设置标记"对话框,按图2-26所示的操作,完成标记设置。

图2-25　打开文件

图2-26　设置标记

04 测试声音 单击"控制器"上的"播放"按钮▶,测试被标记部分的声音。

剪裁声音 单击编辑工具栏上的"剪裁"按钮,完成剪裁操作。

05 保存声音 选择"文件"→"另存为"命令,弹出"保存声音"对话框,按图2-27所示的操作,完成保存。

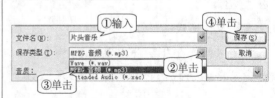

图2-27　保存文件

实例8 拼接声音

在教学中,经常需要将几段不同的音频拼接成一段声音文件,本例通过GoldWave

中的剪切和粘贴工具实现声音素材的拼接操作。

跟我学

01 **打开声音**　运行GoldWave软件，选择"文件"→"打开"命令，打开文件"bk1.wav"。

02 **复制声音**　单击编辑工具栏上的"复制"按钮 📷，全部复制"bk1.wav"。

03 **打开声音**　在GoldWave中打开"bk2.wav"。

04 **拼接声音**　选择"编辑"→"粘贴到"→"文件开头"命令，将"bk1.wav"粘贴到文件"bk2.wav"的开头部分，完成两个文件的拼接。

05 **测试**　单击控制器上的"播放"按钮，测试声音效果。

06 **保存**　选择"文件"→"另存为"命令，保存文件。

2.2.2　设置特殊效果

获取的声音素材有时需要设置一些特殊效果，如配乐诗播放时音乐音量需要降低、音乐出现的形式需要淡入淡出、对录制的文件需要进行噪声消除、为素材添加回声等，这些都可以通过GoldWave来加工处理。

实例9 淡入淡出

一般课件中背景音乐或插入的声音文件播放时要求声音起始能从无到有、由弱到强，结束时能逐渐消失，这样的设计符合学习者的心理特点。本例通过GoldWave的"淡入淡出"设置，实现声音渐近渐远的效果。设置完成后的声音波形如图2-28所示。

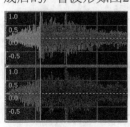 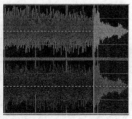

淡入　　　　　　　　淡出

图2-28　淡入淡出效果

本例选中声音素材前5秒设置淡入，后5秒设置淡出，通过播放测试，调整淡入淡出幅度。

跟我学

01 **打开声音**　在GoldWave软件中打开文件"素材.mp3"。

02 **选取声音**　使用鼠标左键拖动选框选择开头约5秒的声音片段，效果如图2-29所示。

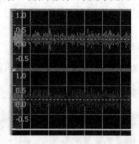

图2-29　选取5秒片段

03 **设置淡入**　选择"效果"→"音量"→"淡入"命令，弹出"淡入"对话框，按图2-30所示的操作，完成淡入设置。

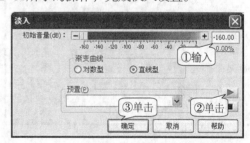

图2-30　设置淡入

04 **设置淡出**　使用鼠标指针拖动选框，选择结尾约5秒的声音片段，选择"效果"→"音量"→"淡出"命令，弹出"淡出"对话框，参照第3步的操作，完成淡出设置。

提示

在声音波形图需要设定为起点处单击鼠标左键，在需要设定为终点处单击鼠标右键，选择"设置结束标记"即可完成编辑区的选择。

实例10 降低噪声

录制声音时如果没有使用专业的设备和环境,总会存在一些噪声,使用GoldWave可以降低和消除这些噪声。

本例采用一般的话筒录制声音,声音整体存在弱小的噪声,需要整体降噪。另外,录制的声音文件中间部分有一段停顿,只有噪声、没有人声,需要对该部分进行单独降噪。

🖊 跟我学

01 整体降噪 打开"解说.wav",选择"效果"→"滤波器"→"降噪"命令,弹出"降噪"对话框,按图2-31所示的操作,完成整体降噪。

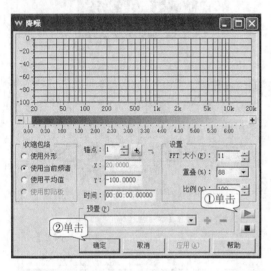

图2-31 整体降噪

02 复制噪声 选择噪声部分,如图2-32所示,单击编辑工具栏上的"复制"按钮,完成噪声的复制。

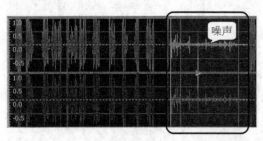

图2-32 选定噪声

03 局部降噪 选择"效果"→"滤波器"→"降噪"命令,弹出"降噪"对话框,按图

2-33所示的操作,完成噪声类型的选择,单击"确定"按钮,完成局部降噪。

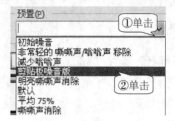

图2-33 降噪

2.2.3 合成声音

声音的合成是指将两个或以上的声音合成到同一个文件中,如给诗朗诵加上背景音乐;给解说词加音效等。

实例11 制作配乐诗朗诵

本例将为诗朗诵配上背景音乐,音乐和诗朗诵自起点处开始合成,在合成前需要将两个声音素材进行剪切,使二者长度可以匹配。

合成主要采用GoldWave中的混音功能,将其中一段素材全选,然后与另一段素材进行混音,并设置混音音量和混音起始点。

🖊 跟我学

01 打开声音 在GoldWave软件中打开"诗朗诵.mp3"文件。

02 复制声音 单击编辑工具栏上的"复制"按钮,完成声音的复制操作。

03 打开声音 打开"背景音乐.mp3"文件。

04 合成声音 单击编辑工具栏上的"混音"按钮,弹出"混音"对话框,按图2-34所示的操作,完成混音操作。

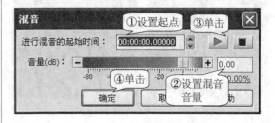

图2-34 混音

提示

GoldWave可以一次打开一个音频文件，也可以一次选中并打开多个文件。当打开的文件较多时，可以通过"窗口"菜单让文件对应的窗口进行"层叠""平铺"等显示和排列。

创新园

1. 转换声音文件格式

不同的课件制作软件所支持的声音文件格式不同，有些格式的声音文件所占的容量非常大，如WAV格式的声音文件，此时需要转换这些声音文件的格式，以使其适应课件制作软件或缩小容量。使用GoldWave中的"文件"→"另存为"命令将"唐诗两首.wav"修改为"唐诗两首.mp3"。

2. 消减人声

有时需要某首歌曲中的背景音乐，但不需要其中的人声。使用GoldWave中的"消减人声"功能将文件"配乐诗.mp3"中的人声进行消除。

知识窗

1. 选择声音

编辑声音文件时，首先要选中声音文件。粗略选中声音时，用鼠标指针在文件窗口中拖动选择声音的区域，被选中的声音区域默认以蓝色背景显示。精确选中声音时，用鼠标在文件窗口中拖动原声音区域的边界线，改变所选声音开始和结束的位置，通过播放试听所选区域，反复调整边界，直到满意为止。还可以通过设置标记以更精确地设置开始和结束的时间。

2. 拼接文件

拼接声音文件时，既可以把后面的文件拼接在前面的文件之前，也可以把前面的文件拼接在后面的文件之后。选择需要拼接的一段声音，在工具栏中单击"复制"，切换到另一段声音文件所在的窗口，调整选区的开始位置为需要拼接的起点，在工具栏中单击"粘贴"按钮，将拼接后的声音文件另存为新的文件，这样不破坏原始的声音文件。

2.3 加工视频素材

视频是由连续的画面组成的，其特点是表达形式直观有效、情境感强，在语言、文字、图片等媒介无法表达时，往往可以选择以视频的方式来表达。视频在物理、化学、生物实验演示，地理环境介绍，历史事件介绍等方面均有大量应用。

2.3.1 添加和删除素材

将已经保存在硬盘上的素材添加到视频加工软件的素材库中，或将不需要的素材从素材库中删除便于以后的使用和管理。添加和删除素材是素材库中最常用的操作。

实例12 添加和删除素材

视频加工软件有很多，如会声会影、Premiere等，本例将介绍如何在"会声会影"软件中添加和删除素材。

跟我学

01 运行软件 下载、安装并运行"会声会影X5"软件，软件界面如图2-35所示。

图2-35　会声会影界面

02　添加素材　进入会声会影编辑器，在"素材库"面板中单击"导入媒体文件"按钮，弹出"浏览媒体文件"对话框，按图2-36所示的操作，完成素材的导入。

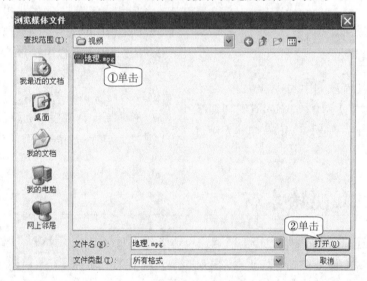

图2-36　导入素材

03　将素材拖入视频轨　按图2-37所示的操作，将视频素材拖入视频轨。

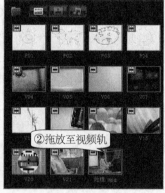

图2-37　放入视频轨

只有将素材拖至相应的轨道上，才能对素材进行编辑。如视频应拖放至视频轨、音乐应拖放至音乐轨上。

04 **删除素材** 在素材库中单击不需要的素材，选择"编辑"→"删除"命令，完成素材库中素材的删除操作。

📍 提示

如果不小心删除了会声会影素材库自带的素材文件，或素材库中素材比较杂乱时，可以选择菜单"设置"→"素材库管理器"→"重置库"命令，将素材库恢复到初始状态。

2.3.2 剪辑视频

根据教学的需要，获取的视频往往需要进行内容的删减，可以利用"会声会影"软件对素材进行剪辑。

实例13 **利用按钮剪辑视频**

"会声会影"最大的功能就是对素材的剪辑，剪辑方法很多，有黄色标记剪辑、修剪栏剪辑、时间轴剪辑、按钮剪辑等。本例通过导览面板中的"按照飞梭栏的位置分割素材"按钮对素材进行剪辑，并删除素材中不需要的部分。

✏️ 跟我学

01 **导入素材** 运行"会声会影X5"软件，将"体育.mpg"导入到素材库中，并将其拖入到视频轨中。

02 **确定起点** 进入导览面板，按图2-38所示的操作，确定需要删除素材的起点。

图2-38 剪辑素材

03 **确定终点** 进入导览面板，参照第2步操作，确定需要删除素材的终点。

04 **删除视频** 在视频轨上选择已分割完毕的素材上右击，选择"删除"命令，完成素材的剪辑。

05 **保存视频** 单击"分享"按钮 ③ 分享，按图2-39所示的操作，完成保存操作。

图2-39 保存文件

2.3.3 应用视频滤镜

在加工视频时,有时需要增加一些特殊效果以加强视频的视觉感受,表达特定的含义。"会声会影"的视频滤镜具备模拟制作各种特殊效果的功能。

实例14 肖像画滤镜

本例是地理课堂教学画面,为其增加"肖像画"滤镜,产生朦胧的效果,用来作为学校的宣传片,效果如图2-40所示。

图2-40 视频滤镜

图2-43 转场瞬间效果

📖 跟我学

01 导入素材 运行"会声会影X5"软件，将"地理.mpg"和"化学.mpg"导入到素材库。

02 参数设置 选择"设置"→"参数选择"命令，弹出"参数选择"对话框，按图2-44所示的操作，完成参数设置。

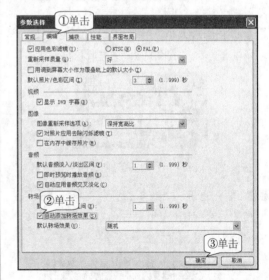

图2-44 参数设置

03 插入素材 返回"会声会影"编辑器，单击"故事板视图"按钮 📷，将素材库中的"化学.mpg"和"地理.mpg"拖入故事板中，转场效果自动添加。

📍 提示

　　自动添加的转场效果可以是随机的，也可以是自动设置的，若希望自动设置，在"默认转场效果"下拉列表中选择所需的转场即可。

📖 跟我学

01 导入素材 运行"会声会影X5"软件，将"地理.mpg"导入到素材库中，并将其拖放到视频轨中。

02 选择滤镜 单击"滤镜"按钮 🎬，按图2-41所示的操作，完成滤镜选择。

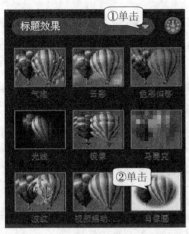

图2-41 选择滤镜

03 添加滤镜 将"肖像画"滤镜拖放至视频轨的素材上，完成滤镜的添加。

04 设置滤镜属性 单击选项按钮 选项 ⌄，展开选项面板，单击"自定义滤镜"按钮，弹出"肖像画"对话框，按图2-42所示操作，完成滤镜属性设置。

图2-42 设置滤镜属性

2.3.4 设置转场效果

　　在拼接素材时，为使两段素材播放时衔接自然流畅，可以在两段素材之间添加转场效果。

实例15 自动添加转场

　　在"会声会影"中，转场可以自动添加，也可以手动选择，本例为自动添加转场。转场瞬间效果如图2-43所示。

实例16 单向转动转场

在一些介绍古诗的视频中，经常出现徐徐展开的动画效果，本例利用"会声会影"中的"单向转动"转场实现卷轴打开，效果如图2-45所示。

图2-45 单向转动转场

🚀 跟我学

01 **导入图片** 运行"会声会影X5"软件，导入素材图片"唐诗.jpg"，单击"故事板视图"按钮 ▨，将图片拖入故事板中。

02 **调整图片大小** 展开选项面板，按图2-46所示的操作，完成图片大小的自动调整。

图2-46 调整图片大小

03 **插入图形** 单击"图形"按钮 ▨，在"色彩"类别中选择"白色"，并将其拖至故事板中，效果如图2-47所示。

图2-47 插入图形

04 **插入转场** 单击"转场"按钮 ▨，在"卷动"类别中选择"单向"转场效果，将其拖放到故事板中两段素材之间，效果如图2-48所示。

图2-48 插入转场

05 **设置转场属性** 单击故事板上的"转场"素材，展开"选项"面板，按图2-49所示的操作，完成转场属性设置。

图2-49 设置转场属性

📍 提示

区间是指该视频所保持的时间，本例区间为设置转场的持续时间，从而控制视频播放的节奏。

2.3.5 编辑字幕

视频编辑过程中必不可少的就是字幕的添加，制作精美的字幕可以有效地引起学生的注意，并迅速将他们带入教学情境中。

实例17 添加字幕

本例利用"会声会影"制作一段唐诗，文字逐个出现，字幕添加前后效果如图2-50所示。

背景

添加字幕

图2-50 添加字幕

01 导入图片 运行"会声会影X5"软件，导入素材图片"背景.jpg"，在时间轴视图下，将其拖至视频轨中。

02 设置参数 展开选项面板，在"重新采样选项"下拉列表中选择"调到项目大小"选项，单击"照片区间区"选项 ⏱ 0:00:10.00⏱ ，设置区间为10秒。

03 输入字幕 单击"标题"按钮 🇹 ，在预览窗口适当位置双击鼠标左键并输入字幕。

04 编辑标题 在预览窗口中的空白位置单击，进入标题的编辑模式，按图2-51所示的操作，完成标题编辑。

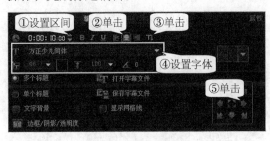

图2-51 编辑标题

05 设置标题动画 选中标题轨中的素材，展开"选项"面板，切换至"属性"选项卡，按图2-52所示的操作，完成标题动画设置。

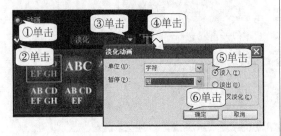

图2-52 设置标题动画

1. 利用时间轴剪辑视频

在"会声会影"中，使用时间轴上的滑块设置起点与终点，将"化学.mpg"视频中1分17秒至2分20秒之间的素材删除。

2. 旋转视频

王老师使用手机拍摄自己上课的一段视频，拍完后发现视频角度不对，使用"会声会影"将该视频逆时针旋转90度，旋转前后效果如图2-53所示。

原视频 　　　　　　　旋转后视频

图2-53 旋转视频

1. 视图模式

"会声会影"软件提供了3种视频编辑模式，分别为故事板视图、时间轴视图和混音器视图，故事板视图是一种简单明了的编辑模式；时间轴模式相对复杂一点，但功能强大，用户可以对标题、字幕、音频等素材进行编辑；混音器视图是对音频进行调整的编辑模式。

2. 项目与素材

项目指进行视频编辑等加工操作的文件；素材是可以进行编辑的对象，如照片、视频、声音等。

3. 视频的保存与分享

制作完成后的视频应先保存为扩展名为VSP的文件，这是"会声会影"的源文件，可以进行再次编辑。项目保存完毕后需创建视频文件，"会声会影"提供了多种类型的文件格式，根据教学需要选择相应的保存类型。

2.4 加工动画素材

由于学生的年龄特点和兴趣所在,利用动画进行教学,可以使教学内容丰富多彩、形象直观,使那些原本枯燥无味的知识变得富有趣味性,使学生产生极大的好奇心,从而激发学生学习的兴趣,激起学生解决问题的欲望。

2.4.1 制作形状补间动画

形状补间动画主要用于展示两个不同图形间的转换过程,在学科教学中应用较多,如细胞的变化、文字的演变等。

实例18 文字变换

本例介绍使用Flash CS6 制作象形文字到汉字的转化过程,第1帧是手绘的象形文字,第20帧是一个汉字,中间的转换过程由Flash自动生成。

跟我学

01 运行软件 下载、安装并运行Flash CS6软件,界面如图2-54所示。

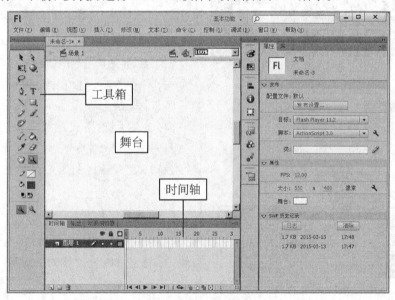

图2-54 Flash CS6 界面

02 新建文档 选择"文件"→"新建"命令,弹出"新建文档"对话框,按图2-55所示的操作,完成新建文档工作。

03 绘制图形 按图2-56所示的操作,在舞台上完成图形绘制。

04 插入空白关键帧 单击时间轴上的第20帧,选择"插入"→"时间轴"→"空白关键帧"命令,完成"插入空白关键帧"操作。

05 输入文字 在工具箱中选择"文字"工具 T,在第20帧上输入文字"山",在右侧属性面板上按图2-57所示的操作,设置文字属性。

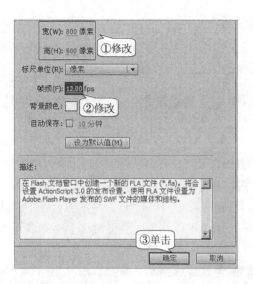

图2-55 新建文档

图2-56 绘制图形

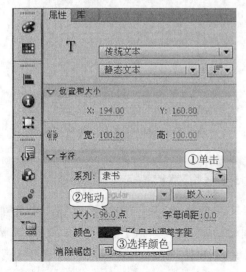

图2-57 设置文字属性

06 分离文字 选择"修改"→"分离"命令，将文字打散。

📍 **提示**

> 文字录入后是以整体存在的，要制作变形文字必须先将文字分离打散，可以使用快捷键Ctrl+B。

07 添加补间 单击第1帧，选择"插入"→"补间形状"命令，完成添加补间操作，添加补间后时间轴效果如图2-58所示。

图2-58 "补间形状"时间轴效果图

08 测试影片 选择"控制"→"测试影片"→"测试"命令，完成测试影片操作。

09 保存影片 选择"文件"→"保存"命令，完成文件保存操作。

10 导出影片 选择"文件"→"导出"→"导出影片"命令，按图2-59所示的操作，完成影片导出。

图2-59 导出影片

2.4.2 制作传统补间动画

传统补间是在某个关键帧上放置一个对象，另一个关键帧上改变这个对象的位置、大小、颜色等，中间帧由Flash自动生成，传统补间是学科教学中应用最多的一种动画形式。

实例19 滚动的小球

本例介绍使用Flash CS6制作一个小球滚动的动画，小球从第1帧移动到第60帧，在移动过程中顺时针旋转6次，效果如图2-60所示。

图2-60 滚动的小球

✏️ 跟我学

01 新建文档 运行Flash CS6软件,新建文档,设置宽550像素,高400像素,帧频为12fps。

02 导入背景 选择"文件"→"导入"→"导入到舞台"命令,弹出"导入"对话框,按图2-61所示的操作,完成背景导入。

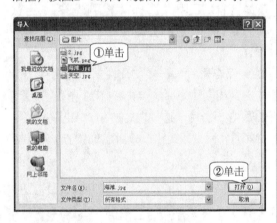

图2-61 导入背景

03 修改图层属性 双击时间轴上的"图层1",重命名为"背景",并在该图层第60帧处右击,选择"插入帧"命令,完成背景图层的制作。

04 增加"小球"图层 在"时间轴"面板上单击"新建图层"按钮 📄,并命名为"小球"。

05 绘制小球 在"小球"图层第1帧上绘制"小球"图形,绘制完毕后选择"修改"→"组合"命令,完成组合操作,组合前后效果如图2-62所示。

组合前 组合后

图2-62 小球组合前后对比

📍 **提示**

制作传统补间动画时,需要将绘制的对象进行组合,可以使用快捷键Ctrl+G。

06 设定初始位置 单击"小球"图层第1帧,使用"选择"工具 🔖将舞台上的"小球"拖动至舞台左侧适当位置作为小球滚动的起点。

07 设定终点位置 在"小球"图层的第60帧处右键插入关键帧,并将舞台上的"小球"移动至右下角适当位置作为小球滚动的终点。

08 创建传统补间 右键单击"小球"图层第1帧,选择"创建传统补间"命令,完成补间创建,完成后时间轴效果如图2-63所示。

图2-63 "传统补间"时间轴效果图

09 设置补间属性 单击"小球"图层第1帧,在"属性"面板上按图2-64所示的操作,完成补间属性设置。

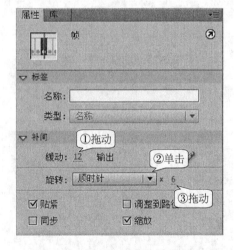

图2-64 "传统补间"属性设置

2.4.3 制作遮罩动画

在制作动画时,有时需要显示特定的区域,或者对特定区域进行放大、缩小等特殊效果的处理,这时可以利用遮罩动画来实现。

实例20 古诗展现

本例使用Flash CS6录入一篇古诗，通过遮罩层使文章逐行动态显示出来，效果如图2-65所示。

图2-65 古诗展现

✍ 跟我学

01 新建文档 运行Flash软件，新建文档，设置文档宽为550像素，高为400像素，帧频为12fps，背景颜色为"黑色"。

02 导入背景 将"背景.jpg"图片导入舞台。

03 修改图层 将"图层1"命名为"背景"，并在第60帧处右击，插入帧。

04 输入文字 单击"新建图层"按钮，将该图层命名为"唐诗"，并在该图层第1帧适当位置输入文本。

05 设定位置 在"唐诗"图层第60帧处插入"关键帧"，将文本从下方垂直移至上方。

06 制作传统补间 在"唐诗"图层第1帧处右击，选择"创建传统补间"命令，完成补间的制作。

07 新建图层 在"唐诗"图层上新建"图层3"并命名为"遮罩"，

08 绘制遮罩 按图2-66所示的操作，在舞台上完成遮罩的绘制。

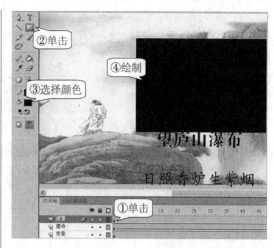

图2-66 绘制遮罩

09 设置遮罩 右击"遮罩"图层，选择"遮罩层"命令，完成遮罩的添加，设置完成后时间轴效果如图2-67所示。

图2-67 遮罩动画时间轴效果图

创新园

1. 制作标题文字动画

在制作课件标题时，为突出标题的效果，可以使标题由小变大，产生视觉冲击力，请用Flash中的传统补间动画制作出标题由小变大的过程。

2. 制作变色文字

制作一段文字由白色变化为红色，使用Flash中的形状补间展示其变化过程。

知识窗

1. 帧、关键帧、空白关键帧

帧是Flash动画制作的最基本单位，时间轴上的每一帧可以包含需要显示的内容，如图片、文字等对象。

关键帧是用来定义动画在该帧发生改变的一个特殊帧，该关键帧的内容与先前的普通帧内容大不相同，如位置、大小、颜色等发生变化，只有将普通帧变为关键帧才能被选取和编辑。没有任何对象的关键帧就是空白关键帧，主要用于画面与画面间形成间隔，当该帧添加对象后就变成了关键帧。

2. 动画形式

Flash可以制作多种动画形式，包括逐帧动画、形状补间动画、传统补间动画、遮罩动画、引导动画等，每种动画制作方式各有不同，逐帧动画需要对每一帧进行描绘；传统补间只需要记录起始关键帧和结束关键帧的内容，中间变化帧由Flash自动生成，这些基本的动画形式是制作Flash教学课件的基础。

第 3 章

编辑制作教学文档

编写教学文档是教师的常规工作，教学文档一般包括课程教学设计、课程试卷、综合文档等。文字处理软件是办公自动化中最常用的一类应用软件，利用文字处理软件可以轻松制作出规范、美观、图文并茂的各类文档。本章主要介绍使用目前较为流行的Word 2010文字处理软件来编排一份完整的教学设计、制作含不同题型的试卷、制作与教学相关的综合文档。

本章内容

制作综合文档　　　　　　　　制作试卷　　　　　　　　编排教学设计

3.1 编排教学设计

> 教学设计是教学活动得以顺利进行的基本保证。好的教学设计可以为教学活动提供科学的行动纲领，促进教学取得良好的效果。用Word文字处理软件编排教学设计，可以使教师在教学工作中事半功倍。

本节介绍编写一份完整的教学设计（见图3-1）的过程，教学内容包括教学设计的各个环节，编写中使用的知识包括文档的建立、文字的输入、文档的修改、版面的一般处理、打印等。

图3-1　完整的教学设计

3.1.1 新建教学设计

编写教学设计，首先要进行构思，例如分析教学内容、根据学生的实际情况选择教学方法、设计学生练习等，在完成这些构思以后，就可以在Word中进行编写录入、排版规划，最后还可以打印出来。这一节我们先学习怎样启动Word、认识Word窗口、保存和关闭Word文档。

✒️ 跟我学

01 运行软件　单击"开始"按钮，选择"所有程序"→"Microsoft Office"→"Microsoft Word 2010"命令，运行软件，如图3-2所示。

📍 提示

> 运行Word软件的方法有多种，如果桌面上有快捷图标🖳，双击图标即可运行该软件。或者计算机中有保存的Word文档，打开文档也可以运行Word软件。

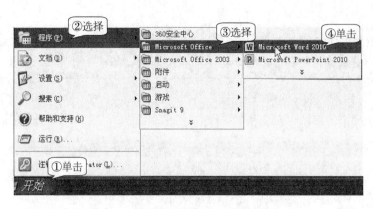

图3-2　启动Word 2010

02 **认识窗口**　启动Word软件后，打开的Word窗口如图3-3所示。

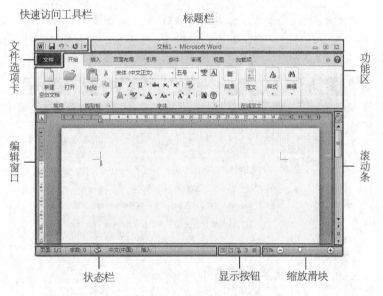

图3-3　Word 2010软件界面

03 **保存文件**　单击快速访问工具栏上的"保存"按钮 ，在弹出的"另存为"对话框中，按图3-4所示的操作，保存文件。

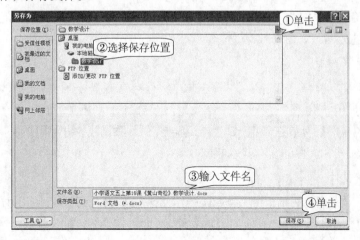

图3-4　保存文件

提示

Word 2010默认的保存类型是.docx，如果希望Word 2010以下版本也能打开保存后的文件，可以选择保存类型为"Word 97-2003文档（*.doc）"。

知识窗

1. 文件名

默认情况下，Word一般以文档中第一段文字作为文件的名称，如果要修改，在"另存为"对话框的"文件名"文本框中，重新输入新的文件名即可。

2. 自动保存文档

在编辑文档时，有时会因意外情况而丢失文档，为了避免劳动成果丢失，可以设置Word软件每隔一段时间自动将用户打开的文档保存一次。

- 选择保存方式　选择"文件"→"选项"命令，在弹出的对话框中单击"保存"选项卡，如图3-5所示。

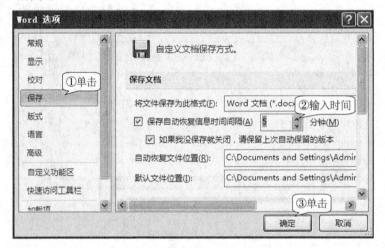

图3-5　保存选项窗口

- 设置保存时间　选中"保存自动恢复信息时间间隔"复选框，并在后面的方框中输入自动保存时间，如"5分钟"，并选中"如果我没有保存就关闭，请保留上次自动保留的版本"复选框。

3. 打开文件

打开文件就是在屏幕上开辟一个文档窗口，将保存在磁盘上的文档载入Word，并将其内容显示在文档窗口中，供用户进行编写、修改、打印等操作。利用Word创建的文档需要给它取名，保存到文件中，然后存放在硬盘、U盘或云盘上，供日后调用、编辑和修改。在本书中，如果不作特别强调，文档和文件的含义基本相同。

4. 快速打开文件

默认情况下，"文件"选项卡的"最近所使用文件"选项列出了最近使用过的文件名和保存位置（见图3-6），用鼠标指针单击要打开的文件名，即可打开相应的文件。

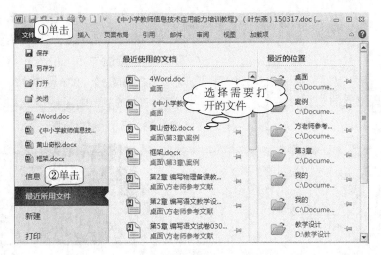

图3-6 打开近期使用文件

5. 查找预览文件

在"打开"对话框中，如图3-7所示，可以单击"视图"按钮 ，在打开的菜单中选择"预览"命令，对话框右边出现一个窗格，用于显示选定的文件内容。

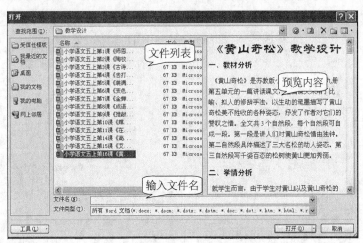

图3-7 查找文件

3.1.2 输入教学设计

一份标准的教学设计通常包含标题、教材分析、学情分析、教学目标、教学重难点、教法与学法、教学准备、教学环节和教学板书等。在输入教学设计内容时经常要用到中文、英文、标点、符号和表格等。

实例1 输入教学设计基本环节

本教学设计包括11个基本环节，可以先将教学设计的主要环节文字输入，再使用"样式"设置和"自动编号"快速搭建好教学设计的主要框架，如图3-8所示。

图3-8　教学设计环节

跟我学

01 **打开文件** 运行Word软件，打开"《黄山奇松》教学设计"文档。

02 **选择输入法** 单击任务栏上的输入法图标 ，在弹出的输入法菜单中，按图3-9所示选择要使用的中文输入法，此处选择"搜狗拼音输入法"。

图3-9　输入法菜单

03 **输入书名号** 右击搜狗输入法状态条上的"软键盘"工具 ，按图3-10所示的操作，输入左书名号，按同样的方法输入右书名号。

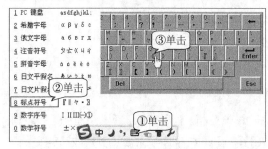

图3-10　用软键盘输入标点符号

提示

其他中文标点符号也可以通过软键盘输入。

04 **输入文字** 将光标在书名号（《》）中间单击定位插入点，输入文字"黄山奇松"，再在右

书名号右侧定位光标并输入文字"教学设计"，按回车键换行，继续输入教学环节相关文字。

05 **选择标题文字** 按图3-11所示的操作，左手按住键盘上的Ctrl键（按Ctrl键时可选中不连续区域），右手按住鼠标左键不放，拖动鼠标，选中一级标题文字。

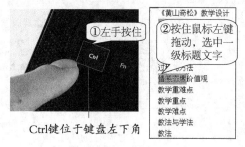

Ctrl键位于键盘左下角

图3-11　选择文字

06 **创建一级编号** 单击"开始"选项卡，按图3-12所示的操作，创建一级标题编号。

图3-12　创建编号

07 **创建二级编号** 参考步骤5和步骤6，创建二级标题编号。

08 **增加缩进** 选中二级标题，单击"开始"选项卡"段落"组中的"增加缩进量"按钮 ，效果如图3-13所示。

设置编号缩进前　　　设置编号缩进后

图3-13　增加缩进

知识窗

1. 换行与换段落

输入文字满一行时，Word会自动换行，无需按回车键。只有在重新另起一个段落时，才需要按回车键。图3-12中文档里的 ↵ 符号是段落标记符，表示其前面的文字是一个段落。

2. 删除错字

在输入文章时，难免会输入错字，在Word中有两个键可以完成删除操作。

- Backspace键：删除光标前一个字。
- Delete键：删除光标后一个字。

3. 插入/改写模式

如果出现漏字的情况，可以在插入模式下，将光标移至漏字处，输入漏字。如果出现错字，可以将光标移至错字前，切换到改写模式，输入正确的文字将会自动替换错误的文字。按Insert键可以在这两种模式之间切换。

- 插入模式：Word状态栏上的“插入”状态显示 插入 。
- 改写模式：Word状态栏上的“改写”状态显示 改写 。
- 插入/改写模式的切换：用鼠标单击状态栏上的“改写”或“插入”字样或在键盘上按Insert键。

4. 撤销和恢复

在输入、编辑、删除等过程中不可避免地会出现误操作，如误删除、误复制等。使用撤销功能可以帮助我们挽回错误操作造成的损失，还可以撤销以前的其他操作，使文本恢复原来的状态。

撤销的操作就是发现误操作后，单击“快速访问工具栏”中的“撤销”按钮（或按Ctrl+Z组合键）可以撤销上一次的操作。Word可以一直使用撤销命令，甚至可以恢复到文档的原始状态。

“恢复”的功能与“撤销”的正好相反，它可以恢复撤销的操作。选择“编辑”→“恢复”命令，或单击“快速访问工具栏”上的“恢复”按钮即可。

实例2 制作教案中的表格

表格常用于比较、归纳知识概念，本教案使用了如图3-14所示的表格。这个表格在规则表格的基础上，根据需要，设置了表格中文字的格式，修改了选定单元格的默认底纹和表格的边框线，下面介绍这个表格的制作方法。

16 黄山奇松		
书读百遍	我的收获	1. 课文我读了（ ）遍，我能够正确流利地朗读课文，家长签字。 2. 本文由生字组成的词语我能正确认读和书写： 誉为 陡崖 屹立 宾客 玉屏楼 卧龙松 3. 我会读这些词： 饱经风霜 充满生机 郁郁苍苍 情有独钟 枝干遒劲 依依不舍 枝干蟠曲 千姿百态 4. 我懂的这些词的意思：屹立 情有独钟 盆景 饱经风霜 遒劲 蟠曲
学贵有疑	我的疑问	“字字未宜忽，语语悟其神”，可以从标点、词语、句子、内容及表达方式等方面提出自己的问题，写在下面的空格中。
文贵自得	我的感想	读完课文，你有什么感受？把感受写一写。
	我的发现	1. 黄山奇松“奇”在哪里？ 2. 黄山奇松就只有迎客松、陪客松和送客松这三棵吗？你从哪里看出来？

图3-14 教案中的表格

📝 **跟我学**

01 插入表格　选择要插入表格的插入点，按图3-15所示的操作，插入表格。

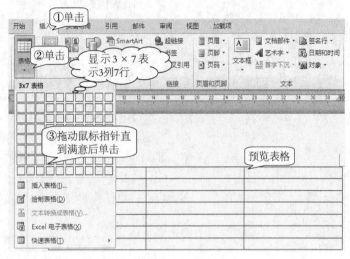

图3-15　插入表格

02 选择单元格　将鼠标指针放到表格的第1行，按住鼠标左键不放，向右拖动鼠标，选中如图3-16所示的单元格。

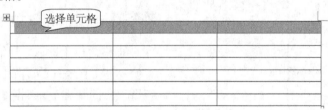

图3-16　选择要合并的单元格

03 合并单元格　将鼠标指针放在被选中的表格上右击，在弹出的菜单中按图3-17所示的操作，合并单元格。按同样的方法合并其他需要合并的单元格。

图3-17　合并单元格

04 调整列宽　用鼠标左键单击表格中任意一点，使表格处于选定状态，将鼠标指针放在要改变列宽单元格的列线上，鼠标指针变成⊪形状，按住鼠标左键向左或向右移动以改变列宽，效果如图3-18所示。

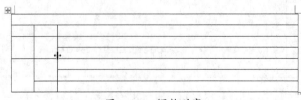

图3-18　调整列宽

05 输入内容 单击第1个单元格，出现闪动的光标，输入有关文字，移动光标到其他单元格，输入如图3-19所示文字。

16　黄山奇松		
书 读 百 遍	我 的 收 获	1. 课文我读了（　　）遍，我能够正确流利地朗读课文，家长签字。 2. 本文由生字组成的词语我能正确认读和书写： 　誉为　陡崖　屹立　宾客　玉屏楼　卧龙松 3. 我会读这些词： 　饱经风霜 充满生机 郁郁苍苍 情有独钟 枝干道劲 依依不舍 枝干蟠曲 千姿百态 4. 我懂的这些词的意思：屹立　情有独钟　盆景　饱经风霜　道劲　蟠曲
学 贵 有 疑	我 的 疑 问	"字字未宜忽，语语悟其神"，可以从标点、词语、句子、内容及表达方式等方面提出 自己的问题，写在下面的空格中。
文 贵 自 得	我 的 感 想	读完课文，你有什么感受？把感受写一写。
	我 的 发 现	1. 黄山奇松"奇"在哪里？ 2. 黄山奇松就只有迎客松、陪客松和送客松这三棵吗？你从哪里看出来？

图3-19　输入内容

06 设置对齐方式 选中如图3-20（左图）所示单元格中文字，选择"布局"→"对齐方式"→"水平居中"工具 ，设置后效果如图3-20（右图）所示。

图3-20　设置单元格对齐方式

07 设置边框 将鼠标指针放到表格上右击，在右键快捷菜单中选择"边框和底纹"命令，在弹出的"边框和底纹"对话框中，按图3-21所示的操作，设置表格外边框。

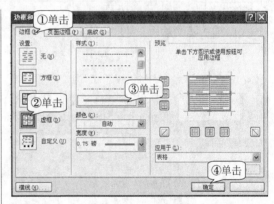

图3-21　设置表格边框

08 设置底纹 选中表格中部分单元格，参考步骤7打开"边框和底纹"对话框，按图3-22所示的操作，设置单元格底纹效果。

图3-22　设置底纹

知识窗

1. 编辑表格中的内容

用户可以对表格中输入的内容进行清除、剪切、粘贴等编辑操作。但需要说明的是,清除是将选定单元格中的内容删除,而单元格本身还存在,而剪切是将两者都删除。

2. 单元格对齐方式

在Word表格中,单元格对齐的方式有9种,这些对齐方式效果如图3-23所示。

靠上两端对齐	靠上居中对齐	靠上右对齐
中部两端对齐	中部居中对齐	中部右对齐
靠下两端对齐	靠下居中对齐	靠下右对齐

图3-23　单元格对齐方式

3. 删除行(列)内容

选定行(列)后,也可以按Ctrl+X组合键完成删除行(列)操作,但按Delete键只删除表格中的内容,而不删除所选行(列)。

4. 插入和删除行(列)

● 插入行(列):将鼠标指针移到表格将要插入行的邻行中任意一个单元格中,右击,在弹出的菜单中选择"插入",选择如图3-24所示命令,即可在鼠标指针所在处插入相应的空行。

图3-24　插入空行命令

● 删除行(列):选定要删除的行(列),右击,在弹出的菜单中选择"删除行(列)"命令,即可将选定的行(列)删除。

5. 自动调整表格

改变行高、列宽,常常是因为行高和列宽与表格中的内容不相适应,出现列宽远小于或远大于表格中内容的现象,单击表格中的任意一个单元格,右击,在弹出的菜单中,根据实际需要按图3-25所示的操作,选择自动调整表格方式。

图3-25　自动调整方式

为了使选中的行(列)的高度(宽度)都一样,还可以使用"平均分配各行"(平均分配各列)命令进行调整。

6. 定量设置表格

单击表格中任意一个单元格,右击,在弹出的菜单中选择"表格属性"命令,打开"表格属性"对话框,单击"行"或"列"选项卡,在"尺寸"栏的文本框中输入数值,定量设置表格行高、列宽,如图3-26所示。

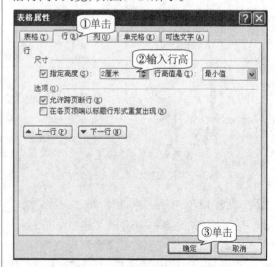

图3-26　"表格属性"对话框

7. 调整整个表格的大小

将鼠标指针放到表格右下角小方框□处，指针变成斜形状，如图3-27所示，按住鼠标向外或向内拖动，就可以扩大或缩小表格。

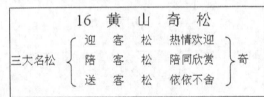

	星期一	星期二	星期四	星期四	星期五
1	数学	语文	数学	语文	数学
2	语文	数学	语文	数学	语文
3	体育	英语	音乐	科学	体育
4	科学	体育	语文	美术	综合实践
5	信息技术	综合实践	信息		
6	班会	美术	品德生活		

按住鼠标左键拖动

图3-27 调整表格大小

实例3 制作板书

在教学完成后，一般要对一节课所学知识进行归纳总结，教学设计最后还应含有板书设计，这些可以绘制如图3-28所示的知识结构图来实现。教学设计中知识结构图主要通过文本框和图形来绘制，其中利用文本框插入文字，可以使其中的内容成为一个整体，而且插入的文本框可以根据需要，放在文档版面的任意位置，使排版显得更加自由灵活。

```
        16 黄 山 奇 松
        ┌ 迎 客 松   热情欢迎 ┐
三大名松 ┤ 陪 客 松   陪同欣赏 ├ 奇
        └ 送 客 松   依依不舍 ┘
```

图3-28 板书设计

✎ 跟我学

01 插入文本框 在文档中选择插入点，选择"插入"→"文本框"→"简单文本框"命令，系统自动插入如图3-29所示的文本框，文本框四周出现8个尺寸控点。

键入文档的引述或关注点的摘要。您可将文本框放置在文档中的任何位置。请使用"绘图工具"选项卡更改引言文本框的格式。

图3-29 插入文本框

02 调整文本框 将鼠标指针移到文本框的

尺寸控制点上，当指针变成双箭头形状时，拖动鼠标，将文本框调整到合适的大小。

03 移动文本框 将鼠标指针移到文本框的边缘非尺寸控制点上，当指针变成十字形状时，拖动鼠标，将文本框移到合适的位置。

04 删除文字 单击文本框内任意位置，即可选中文本，按Delete键删除文本框中默认的文字。

05 输入课题 在文本框中再插入一个文本框，输入课题文字，设置文字格式，并移动该文本框到第1个文本框的上方。

06 设置文本框格式 双击文本框的边线，打开"设置文本框格式"对话框，按图3-30所示的操作，设置文本框格式。

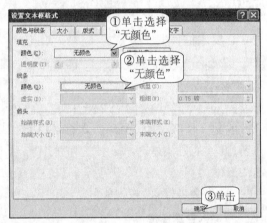

图3-30 设置文本框格式

07 复制文本框 选中步骤中6插入的文本框，按Ctrl+C组合键复制文本框，在空白处单击并按Ctrl+V组合键粘贴文本框。

08 改写内容 删除粘贴的文本框中的内容，输入板书其他内容，并调整文本框到合适位置。

09 组合文本框 按住Shift键不放，选中所有文本框，效果如图3-31所示，右击→选择"组合"→"组合"命令，组合所有文本框。

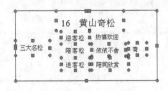

图3-31 组合文本框

10 绘制大括号 单击"插入"选项卡"插图"组中的"形状"命令,在"形状"下拉菜单中选择"基本形状"中的"左大括号"选项 {,按住鼠标左键不放,拖动鼠标绘制左大括号。用同样的方法绘制"右大括号",如图3-32所示。

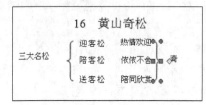

图3-32 绘制大括号

知识窗

1. 文本框种类

文本框有横排文本框和竖排文本框两种。选择"插入"→"文本框"→"竖排"命令,可以插入一个竖排文本框,在竖排文本框内输入的文字是竖排的。两种文本框可以互相转换,转换的方法是选中文本框中的字符,单击"绘图工具"—"格式"选项卡下"文本"组中的"更改文字方向"按钮即可。

2. 插入自选图形

选择"插入"选项卡下"插图"组中"形状"命令,在"形状"下拉菜单中,选择不同类别的绘图工具,可以画出形状各异的图形,如图3-33所示。

● 绘制圆:单击"最近使用的形状"栏下的"椭圆"按钮 ◯,当鼠标指针变成十形状时,按住Shift键不放,拖动指针即可画出一个圆。

● 绘制矩形:单击"最近使用的形状"栏下的"矩形"按钮 □,当鼠标指针变成十字

形状时,按住Shift键不放,拖动指针即可画出一个矩形。

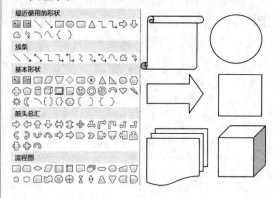

图3-33 绘制自选图形

3. 在图形上添加文字

在绘制完成的自选图形上可以添加文字,方法是在自选图形上单击鼠标右键,弹出快捷菜单,选择"添加文字"命令,即可在自选图形内输入文字,如图3-34所示。

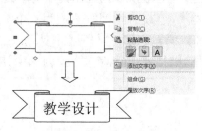

图3-34 添加文字

4. 剪贴板及相关工具按钮

剪贴板可以用来存放一些临时信息,关闭计算机后,其中存放的信息将消失。剪贴板中保存的信息可以反复使用,直到进行下一次"剪切"和"复制"操作。

在Word中,与剪贴板相关的是"剪切"按钮 、"复制"按钮 和"粘贴"按钮 等按钮,它们位于"开始"选项卡下"剪贴板"组中,其作用如表3-1所示。

表3-1 剪切、复制、粘贴按钮的作用

按 钮	按钮名称	作 用
✂	"剪切"按钮	将所选定的内容从文档中移到剪贴板中
📋	"复制"按钮	将所选定的内容复制到剪贴板中
📋	"粘贴"按钮	将剪贴板中的内容复制到文档的当前光标处

5. 快速复制文字

如图3-35所示，假如要将"AABB"中"AA"复制到"BB"的右侧，可以选中"AA"，将鼠标指针移到选中的"AA"上，指针变为↖形状，用左手按住键盘上的Ctrl键不放，用右手按住鼠标左键不放，这时鼠标指针呈↖形状，将虚光标拖到"BB"的右边，松开鼠标左键和Ctrl键即可。

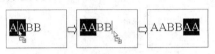

图3-35 复制文字

3.1.3 排版教学设计

用Word进行文字处理，一般是先输入文字，然后进行排版。排版包括文字格式排版和段落排版两个方面，Word 2010提供了多种排版途径：利用"开始"选项卡下的功能可以完成所有的排版操作，通过"浮动工具栏"也可以比较快捷地进行常规的排版操作。此外，如果对Word 的快捷键比较熟悉，利用快捷键进行排版自然是最为快捷的。本章将详细介绍前两种方法，供读者灵活运用。

实例4 设置文本格式

完成文字输入后，给文档中不同部分（如标题、提纲、正文等）的文字设置不同的格式，可以使文档内容层次分明，重点突出，也可以使文章变得生动活泼、更容易阅读，如图3-36所示。

《黄山奇松》教学设计

图3-36 标题文本格式

✎ 跟我学

 01 **选中文字** 打开教学设计，按住鼠标左键，拖动选中"《黄山奇松》教学设计"文字，被选文字呈黑底白字。

02 **设置文字格式** 单击"开始"选项卡，按图3-37所示的操作，设置字体、字号等。

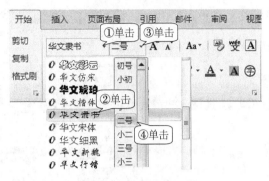

图3-37 设置文字格式

03 **居中对齐** 单击"开始"选项卡下"段落"组中的"居中"按钮≡，使"《黄山奇松》教学设计"文字居中对齐。

知识窗

1. 字体、字号和字形

• 字体：Word所能使用的字体取决于在Windows中安装的字体种类。Word使用的汉字基本字体有宋体、仿宋体、楷体、黑体4种，还可以使用标宋、隶书、行楷、魏碑、细圆、准圆、琥珀、幼圆、综艺、华文隶书等扩充字体。这些扩充的字体需要另行安装。默认情况下，汉字字体为宋体，西文字体为Times New Roman。

• 字号：字号指的是字符的大小，它用两种方法来表示：字号和磅，其中字号有初号、小初、一号……八号，初号字最大，八号字最小；而磅值有5、5.5……48、72，磅值越大，字越大。

• 字形：字形指的是字体的形状，它分为"常规""倾斜""加粗"和"加粗倾斜"4种。

对选定的文字设置字体、字号和字形，Word 2010不仅可以通过"开始"选项卡的功能区来设置，还可以通过在选中的文字上右击，在弹出的右键菜单中选择"字体"命令，可以在如图3-38所示的"字体"对话框中设置文字格式。

图3-38　"字体"对话框

2. 选定文本

选定文本是Word中的一项基本操作，因为只有选定文本之后才能进行格式设置、复制、删除等操作。选定文本的方法很多，可以使用鼠标，也可以使用键盘。另外，按Ctrl+A组合键还可以选中整个文档。

* 鼠标选定（见表3-2）

表3-2　使用鼠标选定文本操作方法

选　定	使用鼠标
任意数量的文本	拖动要选定的文本
单词	双击这一单词
一行文本	单击行左边的选择栏
多行文本	在行左边的选择栏中拖动
句子	按住Ctrl键单击该句中的任何位置

* 键盘选定（见表3-3）

表3-3　使用键盘选定文本操作方法

扩展选定范围到	使用键盘
右边一个字符	Shift ＋ →
左边一个字符	Shift ＋ ←
单词结尾	Ctrl ＋ Shift ＋ →
单词开头	Ctrl ＋ Shift ＋ ←
行尾	Shift ＋ End
行首	Shift ＋ Home
向下一行	Shift ＋ ↓
向上一行	Shift ＋ ↑
段落结尾	Ctrl ＋ Shift ＋ ↓
段落开头	Ctrl ＋ Shift ＋ ↑
向下一屏	Shift ＋ PgDn
向上一屏	Shift ＋ PgUp
文档结尾	Ctrl ＋ Shift ＋ End
文档开头	Ctrl＋ Shift ＋ Home

实例5 **设置段落格式**

输入一段文字后，Word可以为其设置段落格式，如行间距、段前（后）间距、首行缩进等格式，我们也可以根据需要修改这些格式。如图3-39所示，通常段前要空2个字符，采用添加空格的方法可以实现，但却不规范，正确的方法应该是设置段落缩进。

> **一、教材分析**
>
> 《黄山奇松》是苏教版小学语文五年级第九册第五单元的一篇讲读课文，这篇课文采用了比喻、拟人的修辞手法，以生动的笔墨描写了黄山奇松美不胜收的各种姿态，抒发了作者对它们的赞叹之情。全文共3个自然段，每个自然段可自成一段。第一段是讲人们对黄山奇松情由独钟。第二自然段具体描述了三大名松的动人姿态。第三自然段写千姿百态的松树使黄山更加秀丽。
>
> **二、学情分析**
>
> 就学生而言，由于学生对黄山以及黄山奇松的姿态缺乏感性认识，极有可能导致学生体会情感出现障碍。如果在教学中恰当运用多媒体，一定能激发学生的学习兴趣，声像并茂、视听结合，激发学生的想象，发挥学生的创造力。

图3-39 设置段落格式效果

 跟我学

01 **选择段落** 单击需要设置段落缩进的段落，将光标放在该段落中。

02 **设置段落格式** 右击，在弹出的菜单中选择"段落"命令，打开"段落"对话框，按图3-40所示的操作，设置段落缩进。

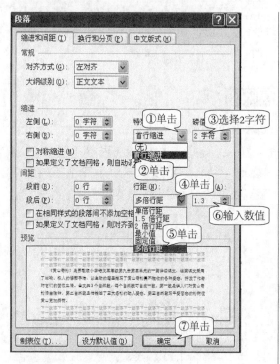

图3-40 "段落"对话框

段落外观如图3-41所示。

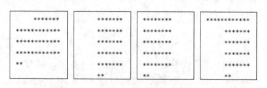

首行缩进 左缩进 右缩进 悬挂缩进

图3-41 段落缩进的4种方式

2. 快速设置段落缩进

利用水平标尺可以快捷、方便地调整各种缩进。水平标尺上有许多可调整的标记（如图3-42所示），将光标放在标记上，按住鼠标左键拖动，即可直观地调整各种缩进。

图3-42 水平标尺上的标记示意图

知识窗

1. 段落缩进种类

段落缩进的方式主要有首行缩进、左缩进、右缩进、悬挂缩进，这4种缩进方式的

3.1.4 页面布局

页面包括所用纸张大小、方向和文章在纸张中的位置等信息。因为Word采用所见即所得的方式进行排版，用户在屏幕上所看到

的排版效果基本上和打印出来的效果相同，不用进行模拟显示。用户只要设置好纸张大小和页边距，以后不论用户如何调整字体大小和字间距，都可以保证全部打印在所设的纸上，因此首先要对教案的页面进行设置。

实例6 设置纸张与页边距

编写好的教案一般是要打印到纸上的，这就需要选择一个合适的纸型。一般情况下，页面大小和打印时所采用的纸张大小应一致，但用户也可以根据需要自由设置打印纸的尺寸，默认的纸型是A4。页边距是用来设置纸张在上、下、左、右4边所留空白的大小，如果选用标准设置，页边距会使用默认设置，用户也可以自定义页边距。

跟我学

01 **设置纸张大小** 按图3-43所示的操作，选择合适的纸张大小。

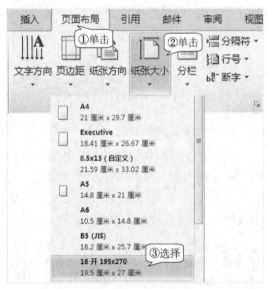

图3-43 设置纸张大小

02 **设置页边距** 单击"页面布局"选项卡下"页面设置"组中的"页边距"按钮，选择"自定义边距"命令，打开"页面设置"对话框，按图3-44所示的操作，自定义页边距。

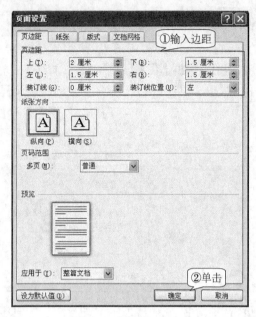

图3-44 设置页边距

03 **插入页码** 单击"插入"选项卡下"页眉和页脚"组中的"页码"按钮，选择"页面底端"选项下的"普通数字2"命令，即可在页面底部中间插入页码。

知识窗

1. 页边距

页边距是指文字到纸张最近边缘的距离，如上边距是指文档正文中最上面的文字到纸张上边缘的距离。边距和页眉、页脚的示意图如图3-45所示。

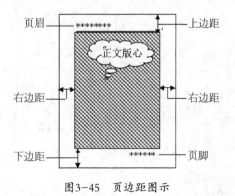

图3-45 页边距图示

2. 纸张方向

设置好纸张的大小以后，对纸张的使用有纵向和横向之分，在日程工作中，有可能遇到文档宽度比高度大,如一个列数较多的表格,这种情况下,就需要将纸张设置为横向。

3. 视图

Word 2010提供了多种视图模式供用户选择,这些视图模式包括"页面视图""阅读版式视图""Web版式视图""大纲视图"和"草稿"5种视图模式。用户可以在"视图"选项卡下"文档视图"组中选择需要的视图模式,也可以在Word 2010文档窗口的右下方单击视图按钮选择视图模式。

● 页面视图:"页面视图"可以显示Word 2010文档的打印结果外观,主要包括页眉、页脚、图形对象、分栏设置、页面边距等元素,是最接近打印结果的页面视图。

● 大纲视图:"大纲视图"主要用于Word 2010文档的设置和显示标题的层级结构,这种视图模式下可以方便地折叠和展开各种层级的文档。大纲视图广泛用于Word 2010长文档的快速浏览和设置。

3.1.5 打印文档

至此,教学设计已经全部完成,最后就需要打印输出了。在打印之前,避免出现意想不到的打印结果,在将教学设计打印到纸张上之前,可以利用Word提供的打印预览功能对整个排版效果进行预览,如果不理想,可以再进行调整。为了节省纸张,还可以设置双面打印。

✎ 跟我学

01 **选择打印** 打开"《黄山奇松》教学设计"文档,选择"文件"选项卡下的"打印"标签。

02 **预览文档** 如图3-46所示,右侧预览窗中显示了文档的打印效果预览,拖动右边的垂直滚动条,可以查看教学设计的其他页。

03 **设置双面打印** 连接好打印机,装上与页面设置相同大小的纸张,按图3-47所示的操作,设置双面打印参数,开始打印第

一页。

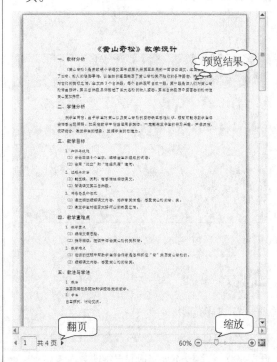

图3-46 预览打印效果

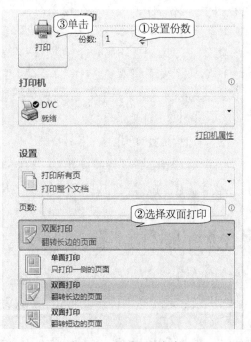

图3-47 设置双面打印

📍 提示

一般纸张方向都是"纵向",所以默认"翻转长边的页面",如果纸张方向是"横向",可以选择"翻转短边的页面"。

04 打印第2页 查看如图3-48所示的双面打印说明，将已打印的纸按要求叠插入纸盒中，继续打印第2页。

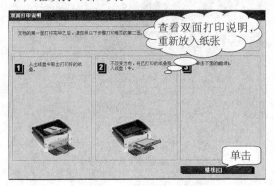

图3-48 双面打印说明

知识窗

1. 打印范围

在"打印"选项卡的"设置"栏中，可以任意设定打印区域，如图3-49所示。

如选择"自定义范围"，在"页数"框中，可以自主定义打印的范围。在输入时，输入"-"表示连续页，输入"，"表示分离页。例如，输入"4"表示只打印第4页；输入"2-4"表示打印第2页至第4页；输入"2，6，15"表示打印第2页、第6页、第15页；输入"1，3-5"表示打印第1页、第3页、第4页、第5页。

2. 打印故障处理

打印过程中，会经常遇到夹纸、打印歪斜等故障。遇到故障时，应先双击任务栏中的"打印状态"图标，打开如图3-50所示的"打印状态"窗口，在"打印机"菜单中选择"暂停"或"取消"命令，等待故障排除后，重新进行打印。

图3-49 设置打印范围

图3-50 "打印状态"窗口

3.2 制作试卷

每位教师对试卷都很熟悉，但对制作试卷就不那么熟悉了。本节着重介绍输入试题内容和制作试题题型，全面讲解如何运用Word软件，制作带有文字、符号、公式和图形的试卷。

3.2.1 输入试题内容

试卷中要输入的试题内容有很多，主要包括文字、数字、符号、公式、图片、图形和表格，其中文字、数字和部分符号可以通过键盘直接输入，而特殊符号、公式、图形和表格不能通过键盘直接输入，需要以插入的形式添加到试卷中。

实例7 输入符号、上标

在制作试卷过程中，经常要用到符号，有些直接通过键盘输入即可，但有些符号需要通过插入的方式输入到文档中。如图3-51所示，试题中"×"是符号，"10^9"中的"9"是上标，它们都需要通过插入方式输入。

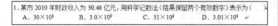

图3-51 试卷中选择题第1题的符号和上标

跟我学

01 选择插入点 在试卷中输入试题内容，效果如图3-52所示，单击要插入×号的位置，选择插入点。

图3-52 选择插入点

02 打开对话框 确定符号要插入的位置后，按图3-53所示的操作，打开"符号"对话框。

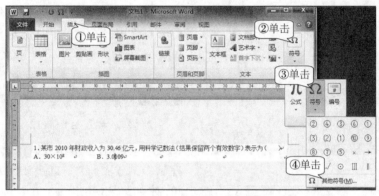

图3-53 打开"符号"对话框

03 插入×号 按图3-54所示的操作，完成×号的插入。

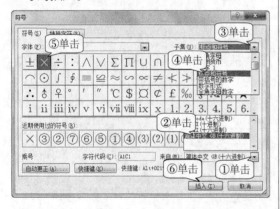

图3-54 插入×号

04 插入其他符号 按上述方法，在试卷中插入其他符号。

05 设置上标 试题"$3.0×10^9$"中的"9"是上标，按图3-55所示的操作，设置上标。

06 完成试题 按上述方法，设置试卷中其他上标和下标。

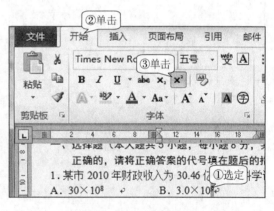

图3-55 设置上标

实例8 输入公式

中学数学试题中经常使用数学公式，但它不能通过键盘直接输入文档中，需要通过"公式工具"下的"设计"选项卡来完成输入。双击已经输入的公式，可以打开并修改公式。下面以图3-56所示的例题为例，介绍如何输入数学公式。

三、（本大题共 2 小题，每小题 8 分，满分 16 分）

8. 先化简，再求值：$\left(\dfrac{1}{a-2}-\dfrac{1}{a+2}\right)\div\dfrac{2}{2-a}$，其中 $a=\sqrt{2}-2$。

图3-56　输入公式案例

 跟我学

01 打开公式工具　打开试卷文档，将光标移到公式位置，按图3-57所示的操作，打开"公式工具"|"设计"选项卡。

图3-57　打开"公式工具"|"设计"选项卡

02 输入括号　分析公式 $\left(\dfrac{1}{a-2}-\dfrac{1}{a+2}\right)\div\dfrac{2}{2-a}$，应先输入括号，按图3-58所示的操作，完成括号的输入。

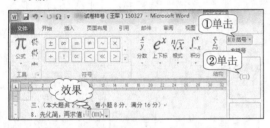

图3-58　输入括号

03 输入分数线　在括号内输入分数线，按图3-59所示的操作，完成分数线的输入。

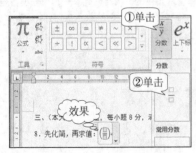

图3-59　输入分数线

04 输入分母　按图3-60所示的操作，输入分母"a-2"。

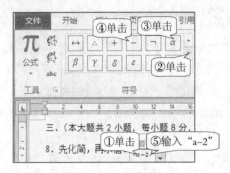

图3-60　输入分母

05 输入分子　分子是1，单击分子框，通过键盘输入数字"1"，即可完成分子的输入。

06 输入其他公式　用上述方法，输入试卷中剩余的数学公式。

实例9 插入图片

小学试题中经常使用图片，在制作含有图片的试题前，要准备好试题所需要的图片，在制作试卷过程中，直接插入并调整图片即可，效果如图3-61所示。

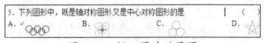

5. 下列图形中，既是轴对称图形又是中心对称图形的是　　　（　　）

图3-61　插入图片效果图

 跟我学

01 插入图片　打开制作试卷的Word文档，按图3-62所示的操作，在试题处插入所需图片。

图3-62　插入图片

02 设置显示方式　Word中插入的图片显示方式默认为"嵌入型"，这种显示方式不便于调整图片，按图3-63所示的操作，设置图片显示方式为"衬于文字下方",以便调整图片。

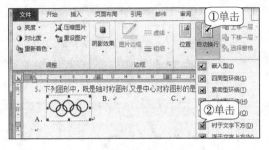

图3-63 设置图形显示方式

03 调整图片 插入图片的大小明显不符合题目要求,按图3-64所示的操作,调整图片大小。

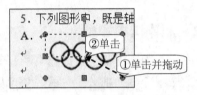

图3-64 调整图片大小

04 插入其他图片 用同样的方式在试卷中插入其他图片,并调整图片的大小,达到试卷要求。

实例10 插入图形

试卷中,有些试题中含有图形,这些图形可以运用Word中自带的图形,效果如图3-65所示。

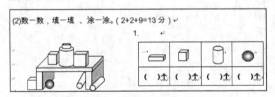

图3-65 插入图形效果图

✎ 跟我学

01 新建绘图画布 在试卷中绘制图形,应使用绘图画布绘制图形,按图3-66所示的操作,新建绘图画布。

图3-66 新建绘图画布

02 绘制立方体 按图3-67所示的操作,在绘图画布中绘制立方体。

03 设置图形格式 绘制的图形是Word默认的图形,按图3-68所示的操作,设置图形格式。

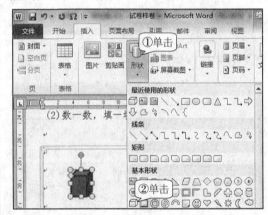

图3-67 绘制立方体

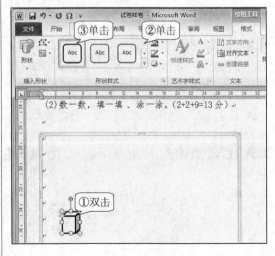

图3-68 设置图形格式

04 调整绘制图形 绘制的立方体不符合试题要求时，按图3-69所示的操作，调整立方体形态。

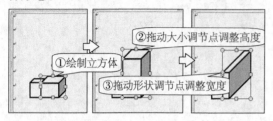

①绘制立方体
②拖动大小调节点调整高度
③拖动形状调节点调整宽度

图3-69 调整绘制图形

05 绘制其他立方体 按同样的方式绘制其他立方体，效果如图3-70所示。

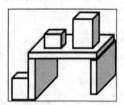

图3-70 绘制其他立方体

06 绘制圆柱体 单击"基本形状"栏下的"圆柱体"按钮，按图3-71所示的操作，完成圆柱体的绘制。

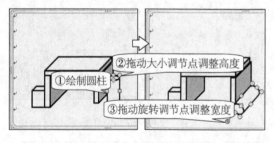

①绘制圆柱
②拖动大小调节点调整高度
③拖动旋转调节点调整宽度

图3-71 绘制圆柱体

07 设置绘图图层 以同样的方式绘制其他圆柱体，按图3-72所示的操作，完成图形图层的设置。

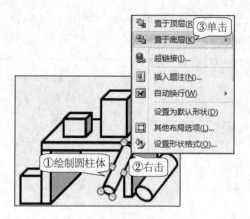

③单击
置于顶层(R)
置于底层(K)
超链接(I)...
插入题注(N)...
自动换行(W)
设置为默认形状(D)
其他布局选项(L)...
设置形状格式(O)...
①绘制圆柱体
②右击

图3-72 设置绘图图层

08 绘制其他图形 以同样的方式绘制试卷中的其他图形。

3.2.2 制作试题题型

一张完整的试卷包含试卷名称、答卷者信息、测试内容3个部分，下面以九年级数学期末测试卷为例，介绍一张完整试卷的制作过程。

实例11 制作选择题

选择题是试卷经常使用的题型之一，选择题中的文字、数字、符号和公式等可以通过输入和插入的方式制作，试题中答案之间的间距不好制作，采用表格方式可以轻松解决这一问题，效果如图3-73所示。

图3-73 选择题效果图

✎ 跟我学

01 输入试题内容 在试卷中输入选择题试题内容，按图3-74所示的操作，完成表格插入点的选择。

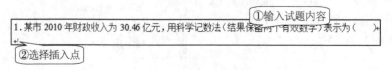

①输入试题内容
1.某市2010年财政收入为30.46亿元，用科学记数法（结果保留两个有效数字）表示为（ ）
②选择插入点

图3-74 输入试题内容

02 插入表格　在插入点按图3-75所示的操作，根据试题答案完成表格的插入。

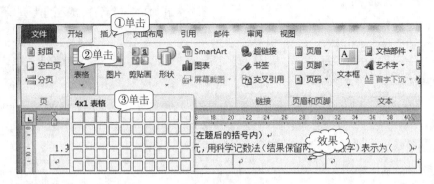

图3-75　插入表格

03 输入答案　在表格中输入试题答案，效果如图3-76所示。

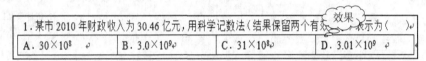

图3-76　输入答案

04 设置表格　插入的表格默认带有表格边框线，按图3-77所示的操作，设置表格边框为"无框线"。

图3-77　设置表格

05 完成选择题　以同样的方式，继续完成试卷中其他选择题型的制作。

实例12　制作填空题

试卷中填空题一般都会用到横线让学生填写试题答案，横线的制作方法有两种，一种是通过设置下划线来设置，另一种方法则是绘制直线，效果如图3-78所示。

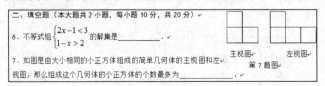

图3-78　填空题效果图

✎ 跟我学

01 **输入试题内容** 在试卷中填空题处输入试题内容，效果如图3-79所示。

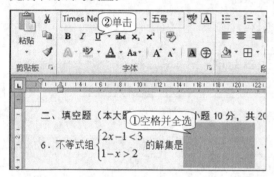

6. 不等式组 $\begin{cases} 2x-1<3 \\ 1-x>2 \end{cases}$ 的解集 [输入试题内容]

图3-79 输入试题内容

02 **设置下划线** 设置下划线前，要先预留出试题答案的位置，按图3-80所示的操作，完成下划线的设置。

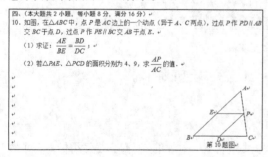

图3-80 设置下划线

03 **完成其他试题** 按同样的方式继续制作其他填空题型，完成填空题型的制作。

实例13 **制作简答题**

初中数学试卷中的简答题有些绘制了图形，这些图形可以通过绘制的方法添加到试卷中，效果如图3-81所示。

图3-81 绘制图形效果

✎ 跟我学

01 **绘制三角形** 在试卷中新建绘图画布，单击"插入"选项卡下"插图"组中的"形状"按钮，在下拉列表中选择基本形状栏下

的"△"图标，拖动鼠标指针绘制三角形，按图3-82所示的操作，完成三角形的调整。

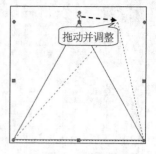

图3-82 绘制三角形

02 **绘制直线** 用同样的方式，在三角形内绘制两条直线，效果如图3-83所示，当绘制直线两端与三角形上的红色圆圈相连，表示直线与三角形产生依附关系，即调整三角形大小时，直线也随着调整。

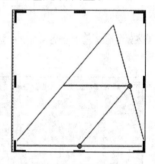

图3-83 绘制直线

03 **制作标注** 单击"插入"→"形状"→"文本框"按钮，按图3-84所示的操作，完成图形标注的制作。

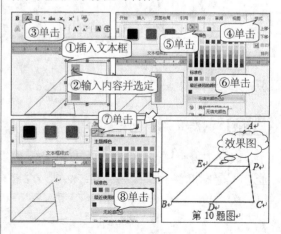

图3-84 制作图形标注

04 **调整图形** 按图3-85所示的操作，完成图形的设置和调整。

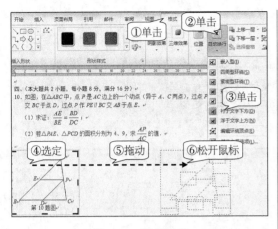

图3-85 调整图形

知识窗

1. 公式

Word文档中的公式几乎涵盖了中小学所有的公式，这些公式按类别可以分为基础数学、分数、上下标、根式、积分、函数、导数符号、极限和对数、运算符和矩阵，可简单划分为符号和结构两大类。

- 符号：包括加、减、乘、除等数学运算符号，如图3-86所示。

图3-86 符号

- 结构：Word 2010中公式的结构有分数、上下标、根式等11类，如图3-87所示。

图3-87 结构

2. 缩放图片

在把图片放大或缩小时，要注意使用适当的放大或缩小比例，放大过多，图片将变得不够清晰，缩小过多，图片尺寸将变得过小而看不清楚。通常不建议只进行横向拉伸（压缩）或纵向拉伸（压缩），那样会改变原图形的纵横比例，引起图片失真。

- 如果要改变图片的宽度，将鼠标指针放在左边或右边中间的控制点上，按住鼠标向左右方向上拖动。

- 如果要改变图片的高度，将鼠标指针放在上边或下边中间的控制点上，按住鼠标向上下方向上拖动。

- 如果要同时改变图片的高度和宽度，将鼠标指针放在四个角上的某一控制点上，按住鼠标沿斜线方向拖动。

- 如果要保持图片纵横比率，在图片上单击右键，在弹出的右键菜单中选择"设置对象格式"→"大小"命令，打开如图3-88所示的"设置对象格式"对话框，选中"锁定纵横比"复选框。

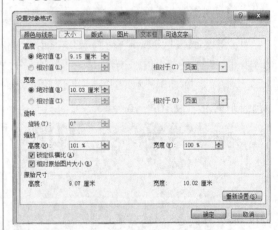

图3-88 "设置对象格式"对话框

- 如果要移动图片，选择"设置格式对象"对话框中的"版式"选项卡，打开如图3-89所示的对话框，选择图片版式即可。

图3-89 设置图片版式

3.3 制作综合文档

在日常教学过程中，经常要制作一些非课件文档，如奖状、学生成绩单等，这些文档板式相同，但具体内容又有所不同，而这些文档涉及的数量较多，单各制作费时费力。巧妙运用Word文档邮件和模板等功能，可以简化制作过程，提高工作效率。

3.3.1 制作奖状

奖状是教师用来激励学生努力学习最常使用的方法之一。制作奖状时使用的Word文档的背景相同，内容也大致相同，运用邮件合并功能，将文档与数据源结合，可以大大降低工作量。

实例14 制作模板

制作奖状模板时，先将背景图片插入模板中，再将每张奖状中文字内容相同的部分输入文档，本例采用小学"手抄报"评奖活动奖状制作，效果如图3-90所示。

图3-90 "奖状模板"效果图

✏️ 跟我学

01 新建文档 新建Word文档，保存为"奖状模板.docx"，为制作模板做好准备工作。

02 页面设置 先要设置奖状的页面版式，按图3-91所示的操作，完成纸张的设置。

03 插入背景 选择适当的图作为奖状的背景，按图3-92所示的操作，完成背景图片的插入。

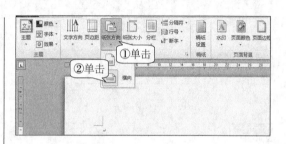

图3-91 页面设置

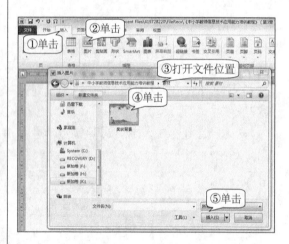

图3-92 插入背景

04 设置版式 按图3-93所示的操作，将图片版式设置为"衬于文字下方"，以便移动背景图片。

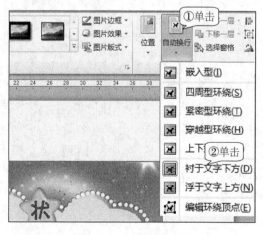

图3-93 设置图片版式

05 调整图片   按图3-94所示的操作，将背景图片放大到整个背景。

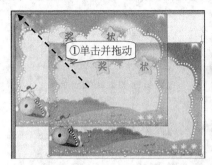

图3-94 调整背景图片

06 插入文本   按图3-95所示的操作，插入文本框，将奖状内容以文本框形式插入文档。

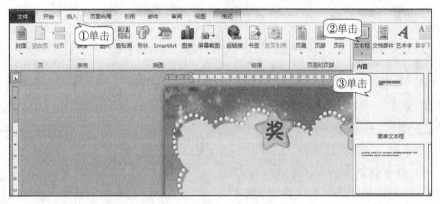

图3-95 插入文本框

07 输入文本   按图3-96所示的操作，输入文本，设置字号为"一号"，字体为"宋体"，调整文本内容。

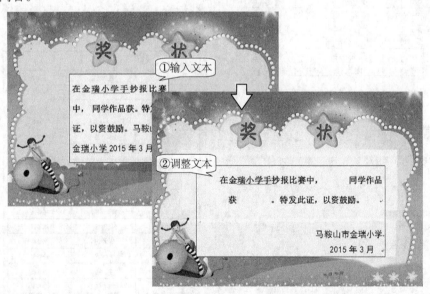

图3-96 输入并调整文本

08 设置文本框   按图3-97所示的操作，设置文本框的边框样式，完成模板设计。

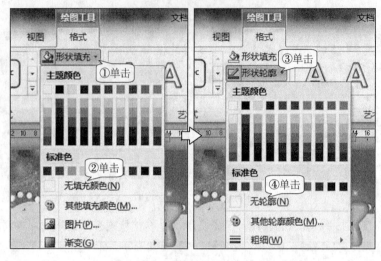

图3-97　设置文本框

实例15　制作数据

奖状模板制作完成后，还要制作学生获奖数据，之后再运用Word中的邮件合并功能，将"奖状模板"和"获奖数据"合并并打印奖状。学生获奖数据表只要表达清楚学生获奖信息即可，对表格的格式没有要求，效果如图3-98所示。

	A	B	C
1	姓名	作品名称	奖次
2	樊诗新	四季之歌	壹等奖
3	李　梦	英语园地	壹等奖
4	李　婷	新年快报	壹等奖
5	汤文惠	安全知识报	壹等奖
6	钱　可	我爱圣诞节	壹等奖
7	许炜辰	班级小报	贰等奖
8	孙庆倩	语文报	贰等奖

图3-98　部分获奖数据效果图

跟我学

01　**新建文档**　新建Word文档，保存为"获奖数据.docx"，为制作获奖数据表做好准备工作。

02　**插入表格**　按图3-99所示的操作，在Word文档中插入表格。

提示

因为在邮件合并过程中，默认数据表中第一行信息为标题，所以制作获奖数据表时，第一行应该是获奖信息。

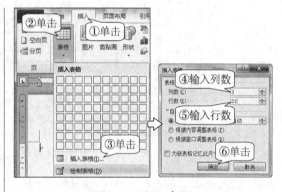

图3-99　插入表格

03　**输入数据**　将学生获奖数据输入到表格中，效果如图3-100所示，保存表格。

姓名	作品名称	奖次
樊诗新	四季之歌	壹等奖
李　梦	英语园地	壹等奖
李　婷	新年快报	壹等奖
汤文惠	安全知识报	壹等奖
钱　可	我爱圣诞节	壹等奖
许炜辰	班级小报	贰等奖
孙庆倩	语文报	贰等奖
夏晶宇	数学广角	贰等奖
品媛诺	语文天地报	贰等奖
高波源	英语俱乐部	贰等奖
王贤悦	科学报	贰等奖
刘文馨	作文小报	叁等奖
宋再寿	春节报	叁等奖
郑絮语	学习园地	叁等奖
吴文彬	快乐的春节	叁等奖
于文建	春天的故事	叁等奖
孙恒涛	快乐的圣诞节	叁等奖

输入获奖数据

图3-100　输入数据

提示

在Word中已经给获奖信息设置了格式，因此在获奖数据中不需要排列版式。

实例16 邮件合并

运用Word中的邮件合并功能，将Excel中学生获奖的数据与Word中奖状模板相结合，打印学生奖状，效果如图3-101所示。

图3-101 邮件合并效果图

跟我学

01 打开文档 运行Word软件，打开"奖状模板.docx"文档。

02 打开邮件向导 按图3-102所示的操作，运行邮件合并向导。

03 设置邮件合并 打开邮件向导后，在Word窗口右侧会出现"邮件合并"对话框，按图3-103所示的操作，设置邮件合并文档类型和文档内容。

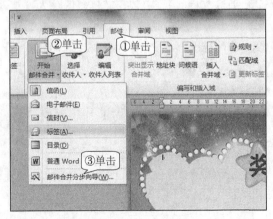

图3-102 打开邮件向导

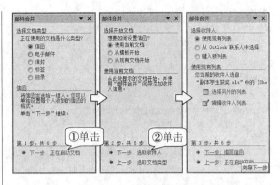

图3-103 设置邮件合并

04 选择数据源 在邮件合并向导的第3步，按图3-104所示的操作，选择邮件合并数据。

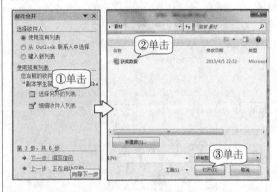

图3-104 选择数据源

05 设置数据源 打开数据源之后，弹出数据源设置窗口，根据需要按图3-105所示的操作，设置数据源，完成后单击"下一步"按钮。

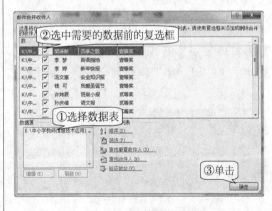

图3-105 设置数据源

06 插入合并域 在奖状模板中选择位置，按图3-106所示的操作，插入数据。

提示

用相同的方式，在文档中"作品"后插入数据源中的"作品名称"，在"获"后插入"奖次"。

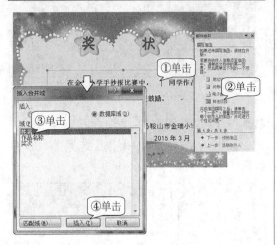

图3-106 插入合并域

07 **预览证书** 按图3-107所示操作，完成合并并预览证书。

图3-107 预览证书

08 **打印证书** 在邮件合并向导的第6步，提供了"打印"和"编辑单个信函"两种方式，按图3-108所示的操作，打印信函。

图3-108 打印证书

09 **编辑证书** 按图3-109所示的操作，编辑证书。

图3-109 编辑证书

3.3.2 制作成绩单

每当学期结束，老师一般都会发给学生一份成绩单。成绩单涉及学生的各科成绩，内容非常多，单个制作工作量极大。下面以八年级学生成绩单为例，讲解使用"插入域"方式快速制作成绩单。

实例17 **制作模板**

分析任务，首先要制作学生成绩单的模板，效果如图3-110所示。

八（一）班学生期末成绩单							
姓名	语文	数学	英语	物理	政治	历史	生物	总分
平均								

图3-110 成绩单模板

跟我学

01 **新建文档** 新建Word文档，保存为"八（一）班学生期末成绩单.docx"。

02 **制作标题** 在文档中输入成绩单标题，设定字体为"华文新魏"，字号为"二号"并居中排列标题。

03 **制作主体内容** 按图3-111所示的操作，制作成绩单主体内容。

①插入3×9表格

姓名	语文	数学	英语	物理	政治	历史	生物	总分
平均	91.1	90.5	92.7	91.2	91.7	90.3	89.2	

②输入基本内容

图3-111 制作主体内容

实例18 合并数据

完成成绩单模板制作后，结合学生成绩数据，完成成绩单的制作工作，效果如图3-112所示。打印并裁剪制作好的成绩单，分发给相应的同学，这样可以保护学生的隐私。

八（一）班学生期末成绩单							
姓名	语文	数学	英语	物理	政治	历史	生物	总分
樊诗新	95	89	99	93	98	90	89	653
平均	91.1	90.5	92.7	91.2	91.7	90.3	89.2	

八（一）班学生期末成绩单							
姓名	语文	数学	英语	物理	政治	历史	生物	总分
李梦	88	86	93	89	92	89	91	628
平均	91.1	90.5	92.7	91.2	91.7	90.3	89.2	

八（一）班学生期末成绩单							
姓名	语文	数学	英语	物理	政治	历史	生物	总分
李婷	80	94	91	87	84	83	90	609
平均	91.1	90.5	92.7	91.2	91.7	90.3	89.2	

图3-112 学生成绩单

 跟我学

01 选择数据 按图3-113所示的操作，选择学生成绩数据文档。

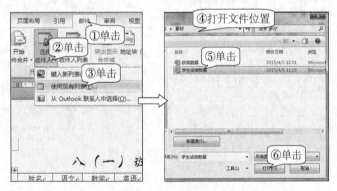

图3-113 打开模板窗口

02 插入合并域 按图3-114所示的操作，插入学生姓名数据。

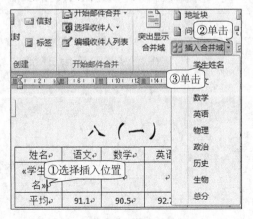

图3-114 应用模板

03 **插入其他内容** 按同样的方法，在成绩单中插入其他内容。

04 **合并文档** 按图3-115所示的操作，将成绩单合并到新文档。

图3-115 合并文档

05 **调整文档** 按图3-116所示的操作，调整所有的成绩单。

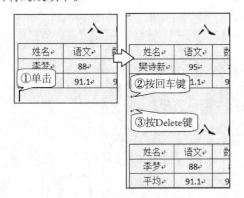

图3-116 调整文档

知识窗

1. 邮件合并文档类型

"邮件合并"可通过下列5种方式完成合并文档。

● 信函：将信函发送给一组人，可以单独设置每个人收到的信函的格式。

● 电子邮件：将电子邮件发送给一组人，可以单独设置每个人收到的电子邮件的格式。

● 信封：打印成组邮件的带地址信封。

● 标签：创建打印准考证等信息列表。

● 目录：创建包含目录或地址打印列表。

2. 自制模板

在Word文档中设置页面、格式等通常会花费很长时间，如果经常编辑某一类文档，可以按图3-117所示的操作，为其设计模板并保存，下次运用时直接套用该模板即可。

图3-117 自制模板

第 4 章

制作多媒体课件

简单来说，多媒体课件就是辅助教师教学的工具。教师根据自己的创意，从总体上对教学内容进行分类组织，将文字、图形、图像、声音、动画、影像等多种媒体素材通过信息技术手段组合在一起，使它们融为一体并赋予其交互特性，从而制作出精彩纷呈的多媒体教学课件。

多媒体教学课件通常以PowerPoint制作多媒体演示文稿、Flash制作交互式动画、Dreamweaver制作学习型网站等方式进行制作。其中，PowerPoint软件操作方法简单，支持多种类型的素材，因此是帮助教师制作多媒体教学课件较为理想的一款软件。

本章通过实例，介绍利用PowerPoint 2010软件制作多媒体教学课件的方法。

本章内容

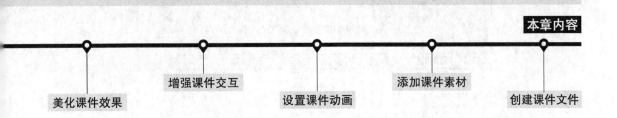

美化课件效果　　增强课件交互　　设置课件动画　　添加课件素材　　创建课件文件

▌4.1 创建课件文件

由PowerPoint 2010创建的演示文稿文件由多张幻灯片组成，可以将文字、图片、音频、视频等素材集成到一个文件中，构成多媒体课件。

4.1.1 创建演示文稿文件

为了提高制作课件的效率，在使用PowerPoint软件制作课件之前，应先为课件创建并保存一个新的演示文稿文件，并养成随时保存的习惯；同时，可以为课件单独准备一个文件夹，用来存放课件及相关素材文件。

图4-1 课件封面

实例1 制作课件封面

图4-1所示为小学语文课件《画家和牧童》的封面，封面是课件的一个重要组成部分。本例将利用PowerPoint的主题功能，创建一个只有一张封面幻灯片的演示文稿，并保存。

PowerPoint 2010启动后，会自动新建一个空白演示文稿，在此文稿的幻灯片上选择主题，使用占位符输入课题及其他信息，并保存，即可创建一个新的课件文件。

✏️ 跟我学

01 运行软件 单击"开始"按钮，选择"所有程序"→"Microsoft Office"→"Microsoft PowerPoint 2010"命令，运行软件，界面如图4-2所示。

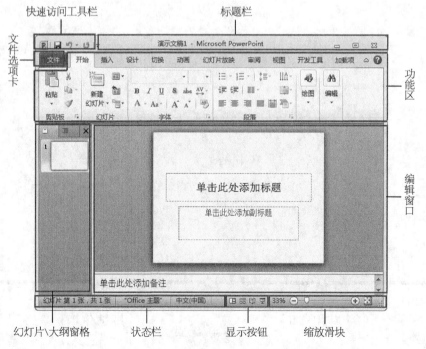

图4-2 PowerPoint 2010软件界面

02 设置页面大小 单击"设计"选项卡下"页面设置"组中的"页面设置"按钮□，在"页面设置"对话框中按图4-3所示的操作，设置封面的页面比例和方向。

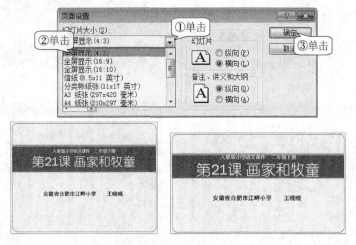

4：3效果   16：9效果

图4-3 设置页面大小

03 选择封面主题 在功能区单击"设计"选项卡，按图4-4所示的操作，设置幻灯片背景。

图4-4 选择封面主题

04 输入封面信息 按图4-5所示的操作，在占位符中输入课件课题及其他相关信息。

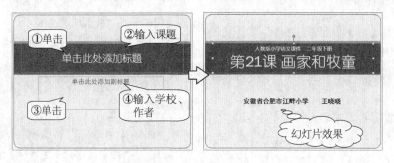

图4-5 输入封面信息

片"所示的效果。

　　一个完整的课件封面上通常应该包含教材版本、使用年级、册数、单元名称、课题、作者单位、作者姓名及日期等相关信息。

05 **保存课件**　　单击快速访问工具栏上的"保存"按钮 💾，在"另存为"对话框中，按图4-6所示的操作，保存课件文件。

①选择保存位置
②输入文件名
③单击

图4-6　保存课件

提示

　　PowerPoint 2010默认的保存类型是.pptx，如果希望PowerPoint 2010以下版本也能打开保存后的文件，可以选择保存类型为"PowerPoint 97-2003演示文稿（*.ppt）"

4.1.2　调整演示文稿结构

　　一个完整的课件通常由多张幻灯片组成。在制作课件的过程中，可以通过"幻灯片\大纲"窗格，完成新建幻灯片、删除幻灯片、调整幻灯片顺序等工作。

实例2　**调整课件结构**

　　本实例将以小学信息技术课件"电脑设备我会连"为例，介绍在制作课件的过程中，如何通过调整幻灯片来改变原有课件的顺序结构。

　　该课件结构的调整思路是：先在第2张幻灯片之后插入一张新的空白幻灯片，再将第4张幻灯片删除，最后将第3张幻灯片移到第5张幻灯片之后，得到如图4-7"调整后幻灯

调整前幻灯片　　　　　　调整后幻灯片
图4-7　调整幻灯片

跟我学

01 **打开文件**　　单击 选项卡，选择"打开"命令，在"打开"对话框中找到课件文件，选中打开。

02 **新建幻灯片**　　按图4-8所示的操作，在第2张幻灯片之后插入一张新的空白幻灯片，插入的幻灯片成为第3张，原来的第3张幻灯片自动降序为第4张幻灯片。

03 **删除幻灯片**　　按图4-9所示的操作，删除第5张幻灯片（删除后，原来的第6张幻灯片自动升序为第5张幻灯片。

提示

　　在"幻灯片\大纲"窗格中单击幻灯片可以选中幻灯片，也可以按住Ctrl键选择多张幻灯片。

　　选中幻灯片后，按Delete键可以删除幻灯片。

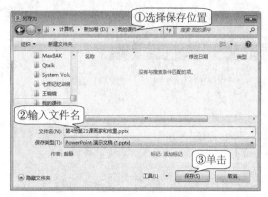

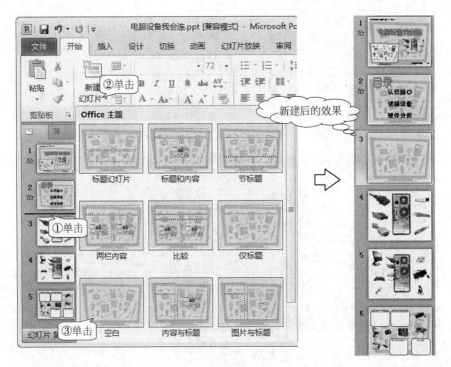

图4-8 新建幻灯片

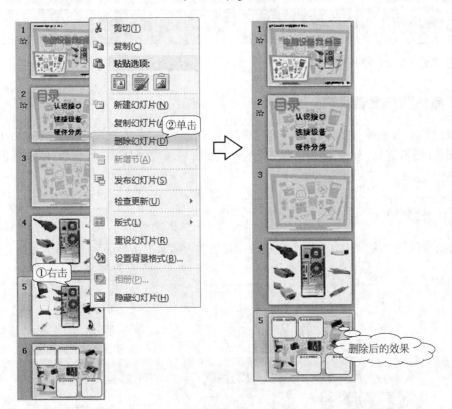

图4-9 删除幻灯片

04 调整幻灯片顺序 按图4-10所示的操作，将第4张幻灯片移动到第5张幻灯片之后。移动后，互换位置的两张幻灯片的序号也自动对调。

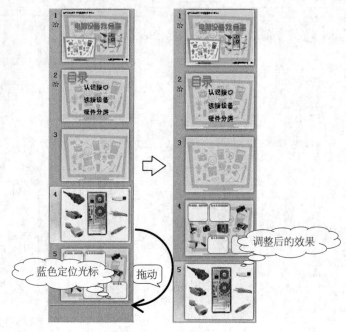

图4-10　调整幻灯片顺序

📍 提示

　　在拖动幻灯片的过程中,会出现蓝色定位光标,表示幻灯片将要被移动到的位置。

05 **保存课件**　单击"保存"按钮🔲保存课件。

4.1.3　播放演示文稿内容

　　通过"幻灯片放映"可以将制作好的幻灯片进行全屏、连续播放。放映状态下的幻灯片不可以进行任何编辑,但可以直接播放音乐、视频、动画等素材,并可以通过选择不同的指针添加墨迹注释。

实例3 **播放课件内容**

　　图4-11展示了多种课件放映方式,在教学过程中可以根据实际需要,灵活选择。

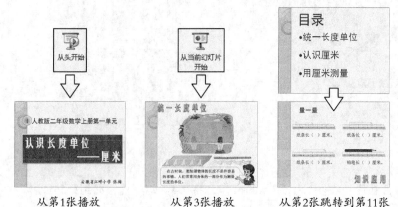

图4-11　播放课件

　　本例将利用"幻灯片放映"选项卡中的按钮分别从第1张、第3张开始播放幻灯片,并在播放过程中利用快捷菜单从第2张幻灯片跳转到第11张幻灯片。

 跟我学

01 从头播放 打开课件文件,按图4-12所示的操作,即可从第1张幻灯片开始播放,单击鼠标左键或敲击空格键可继续播放第2张。

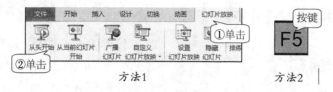

图4-12　从第1张幻灯片开始播放

02 从当前播放 在"幻灯片\大纲"窗格中选中第3张幻灯片,按图4-13所示的操作,即可从第3张幻灯片开始播放,单击鼠标左键或敲击空格键即可继续播放第4张。

📍 提示

> 从当前幻灯片播放时,一定要先选中幻灯片。

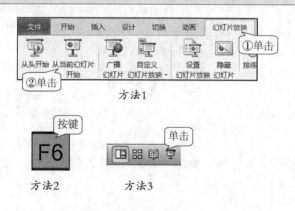

图4-13　从第3张幻灯片开始播放

03 跳转播放 在第2张幻灯片"目录"放映状态下,按图4-14所示的操作,可直接切换到第11张幻灯片,再单击鼠标左键或按空格键,可继续播放第12张幻灯片。

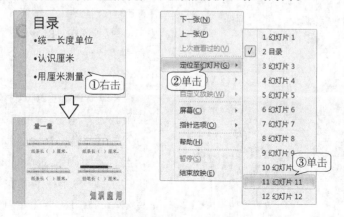

图4-14　从第2张幻灯片跳转到第11张

04 结束播放 在最后一张幻灯片播放结束后，单击鼠标左键或敲击空格键可结束幻灯片放映，返回幻灯片编辑状态。

提示

如果在放映最后一张幻灯片之前需要结束放映，可以直接按键盘上的Esc键退出幻灯片放映状态。

实例4 添加课件板书

图4-15所示为小学语文课件"葡萄沟"的第1自然段。教学中在幻灯片放映状态下，需要板书圈画出重点内容，或临时书写注释、草稿等，还可以修改并保存板书内容，以便用于下次教学。

图4-15 添加课件板书

在幻灯片放映状态下，通过"指针选项"，选择普通笔圈画出不同的月份，选择荧光笔将水果的名称与图片连起来。

跟我学

01 选择墨迹颜色 打开课件文件，在播放幻灯片状态下，右击幻灯片，按如图4-16所示的操作，分别选择普通笔和荧光笔的颜色。

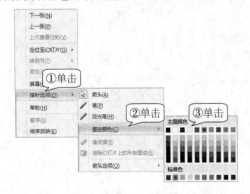

图4-16 选择墨迹颜色

提示

选择墨迹颜色后，软件默认的是修改普通笔的颜色。如果要更换荧光笔的墨迹颜色时，要先选中荧光笔，再选择墨迹颜色。

02 圈画板书 选择普通笔圈画出课文中的重要文字，选择荧光笔连接水果的名称与图片。

03 保存墨迹 按Esc键退出幻灯片放映，按图4-17所示的操作，板书墨迹将以图形的形式保留在幻灯片上，并且可以对其进行大小、位置等修改。

图4-17 添加课件板书

提示

如果不需要保存墨迹，单击"放弃"按钮。

04 保存课件 单击"保存"按钮保存课件。

知识窗

1. PowerPoint 2010的文件格式

PowerPoint演示文稿文件分为PPT和PPTX两种格式。PowerPoint 2007之前的版本保存为PPT格式，之后的版本保存为PPTX格式。

在PowerPoint 2010保存演示文稿时，为了兼顾低版本用户，可以再另存为一份PPT格式的文件，但有部分功能将无法运行。

当需要使用PowerPoint 2003打开PPTX文件时，会因为兼容问题而打不开文件，下载安装"Microsoft Office 2007文件格式兼容包"可以解决该问题。

2. 幻灯片视图方式

如图4-18所示，PowerPoint 2010包含多种视图方式，其中最为常用的是"普通视图""幻灯片浏览视图"和"幻灯片放映视图"。

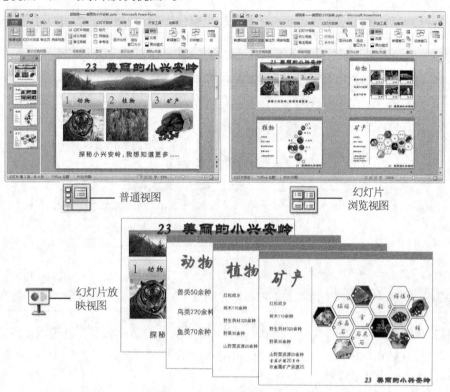

图4-18 幻灯片视图方式

● 普通视图：PowerPoint默认显示普通视图，视图中可以同时显示幻灯片编辑区、"幻灯片/大纲"窗格。幻灯片编辑区主要用于编辑当前幻灯片中的内容，"幻灯片/大纲"窗格主要用于调整演示文稿的结构。

● 幻灯片浏览视图：每张幻灯片的缩略图将按照编号顺序排列显示，可以用来调整幻灯片的顺序结构。双击缩略图，可以快速恢复到"普通视图"，编辑当前选中的幻灯片。

● 幻灯片放映视图：幻灯片独立显示，逐张放映。画面中不包含任何窗口，通过鼠标或键盘控制幻灯片及其动画的放映效果。

4.2 添加课件素材

多媒体课件可以将文字、图片、图形、声音、视频等素材添加到幻灯片中，这些集成到幻灯片中的各类多媒体素材，通过适当地调整、美化与设置，可以极大地丰富课件的表现形式。

4.2.1 添加文字素材

在多媒体课件中，文字是不可或缺的内容。在PowerPoint 2010中，不能像在Word软件中那样直接将文字添加在页面上，而是需要通过"文本框"和"艺术字"两种方式为幻灯片添加文字，这样看似复杂的操作，实际上使得课件的排版工作更为灵活。

实例5 制作课件目录

图4-19所示为小学数学课件"圆的初步认识"的目录页。课件的目录反映了教学的主要内容,通常包含标题和目录内容两部分,是课件较为重要的组成部分。

如图4-19所示的效果,本实例将介绍为幻灯片设置背景、利用艺术字制作标题、利用文本框输入目录内容3个主要操作来完成目录的制作。

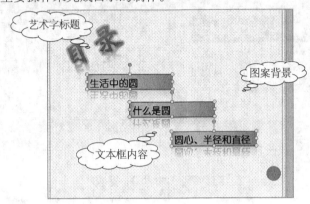

图4-19 课件目录

✐ **跟我学**

01 **设置目录背景** 打开课件文件,新建一张空白幻灯片,选择"设计"选项卡,在"背景"组中单击"背景样式"按钮,在弹出的列表中选择"设置背景格式"命令,按图4-20所示的操作,为目录幻灯片设置背景。

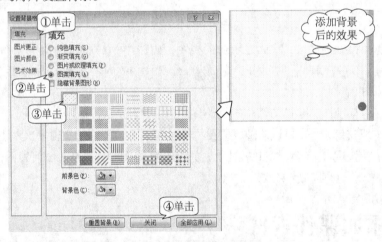

图4-20 设置目录背景

📍 **提示**

如果选择"全部应用",将会使所有的幻灯片都使用当前背景。

02 **添加艺术字标题** 选择"插入"选项卡,按图4-21所示的操作,即可添加艺术字标题。

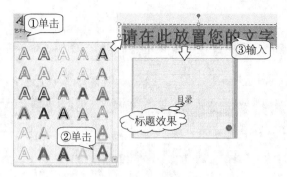

图4-21 添加艺术字标题

提示

> 单击艺术字会插入光标，可以编辑修改艺术字的内容。

03 修饰艺术字效果 选中艺术字标题，选择"开始"选项卡，按图4-22所示的操作，修改艺术字标题的字体、角度、文本效果及位置。

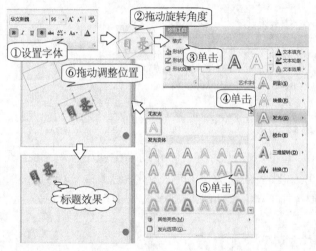

图4-22 修饰艺术字标题

04 添加文本框内容 按图4-23所示的操作，为目录页添加3个文本框，并修饰文本框的文字。

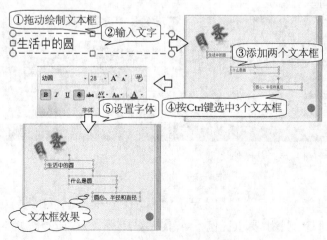

图4-23 添加文本框内容

> **提示**
>
> 同时选中多个文本框，可以同时修改所有文本框的文字字体格式。

05 修饰文本框效果　同时选中3个文本框，按图4-24所示的操作，修饰文本框效果。

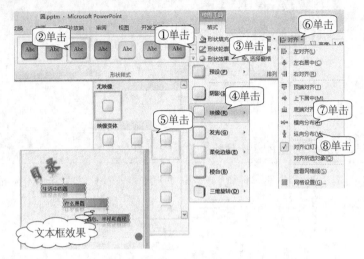

图4-24　修饰文本框效果

06 保存课件　单击"保存"按钮🖫保存课件。

4.2.2　添加图片素材

在多媒体课件中，图片可以更为直接地帮助学生获得直观感受，是课件的重要素材。在PowerPoint 2010中，图片的排版十分灵活，图片的加工处理功能也非常强大。合理运用PowerPoint 2010的图片加工与排版功能，有助于提升课件的有效性。

实例6　添加课件图片

图4-25所示为小学数学课件"重叠问题"的课件，该课件通过对图片进行恰当加工，由"北京""黄山"两张照片创设问题情境，再由排列出的儿童图片引导学生更为直观地思考，感受"重叠问题"的解答思路。

图片加工前课件效果　　　　图片加工后课件效果

图4-25　加工课件图片

本实例主要通过插入图片、设置图片尺寸、添加图片边框、调整图片位置来完成该课件的图片部分制作。其中，"黄山"图片因其比例不当，需要对其进行裁剪；7张儿童图片也需要删除其背景颜色。

跟我学

01 插入图片 打开课件文件, 选中要插入图片的幻灯片。单击"插入"选项卡下"图像"组中的"图片"按钮■, 在弹出的"插入图片"对话框中, 按图4-26所示的操作, 将图片"北京"插入幻灯片中。

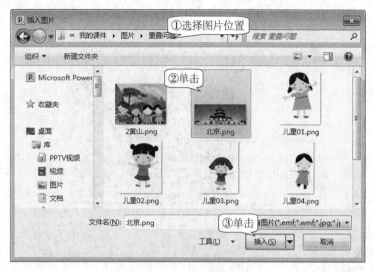

图4-26 插入图片

📍 提示

　　按住Ctrl键可以选中多个文件, 按"插入"按钮后这些文件将都被插入到幻灯片中。

02 裁剪图片 双击图片, 在"图片工具"|"格式"选项卡中, 按图4-27所示的操作, 裁剪图片。

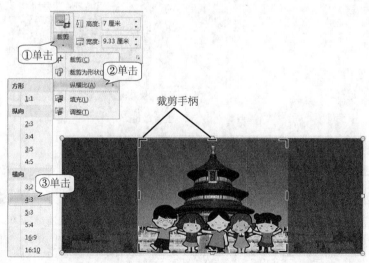

图4-27 裁剪图片

📍 提示

　　拖动黑色的裁剪手柄也可以裁剪图片。被裁剪掉的图像并不会丢失, 向外拖动手柄时, 被裁减掉的图像会还原出来。

03 设置图片尺寸 双击图片，在"图片工具"|"格式"选项卡中，按图4-28所示的操作，设置图片尺寸。

提示

设定图片的高度后，图片的宽度也会按比例随之缩放。拖动图片的控制手柄可以调整图片尺寸。

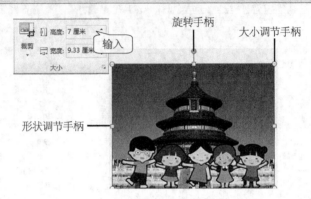

图4-28 设置图片尺寸

04 添加图片边框 双击图片，在"图片工具"|"格式"选项卡中，按图4-29所示的操作，添加图片边框，调整图片位置。

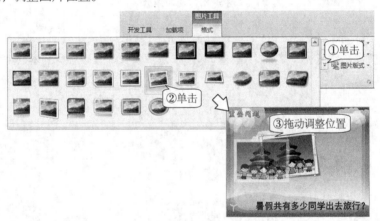

图4-29 添加图片边框

提示

如果对调整后的图片效果不满意，而改动又较大，难以复原时，可以单击"调整"组中的"重设图片"按钮 ，使图片还原到刚插入幻灯片中时的状态。

05 删除图片背景 将图片"儿童01"插入到当前幻灯片中，双击图片，在"图片工具 格式"选项卡"调整"组中，选择"删除背景"按钮 ，按图4-30所示的操作，删除图片中原有的白色背景，设置图片尺寸，并调整到合适位置。

提示

玫红色的区域表示将要被删除的区域。可以通过"标记要保留的区域" 和"标记要删除的区域" 两个按钮，更精确地选择被保留或删除的图像。

图4-30 删除图片背景

06 插入其他图片 按照步骤01的操作将"黄山"及"儿童02"~"儿童07"7张图片插入到当前幻灯片中。

07 加工其他图片 按照步骤03~步骤05的操作为其他图片设置尺寸、添加边框、删除背景、调整位置等，效果如图4-31所示。

08 保存课件 单击"保存"按钮🖫保存课件。

图4-31 调整其他图片

4.2.3 添加自选图形

课件中经常会出现一些对话、提示、图示、批注等提示性内容，这些内容大多是教学的重难点。PowerPoint 2010提供了种类丰富的"形状"，这些形状中可以添加文字，能够通过修改填充与轮廓灵活地改变其样式，以满足制作课件时的各种需要。巧妙地选用"图形"来制作提示性的内容，能够使得课件更为直观与美观。

实例7 添加课件提示

图4-32所示幻灯片在上一个实例的基础上，增加了提示性的文字和集合圈。提示性的文字有利于学生理解题目的意思，而红蓝两色的集合圈有助于学生理解"重叠"的含义，增加了课件中提示内容的趣味性与直观性。

图4-32　制作课件目录

　　本实例将利用在标注中添加文字的方法制作提示框,利用添加透明红、蓝两色椭圆的方法制作集合圈。

✎ 跟我学

01　添加提示标注　打开课件文件,选中需要添加课件提示内容的幻灯片,按图4-33所示的操作,添加椭圆形标注。

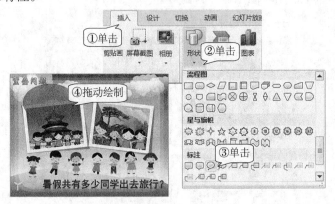

图4-33　添加提示标注

02　编辑标注文字　右击椭圆形标注,选择"编辑文字"命令,按图4-34所示的操作,添加标注文字,并设置文字字体。

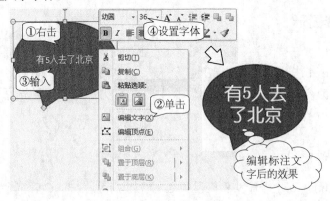

图4-34　编辑标注文字

03　调整标注样式　选择"开始"选项卡,按图4-35所示的操作,调整提示标注的颜色与注脚。

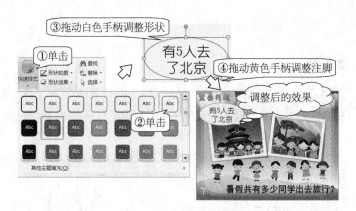

图4-35 调整标注样式

04 添加椭圆形状 选择"插入"选项卡下"插图"组中的"形状"按钮,在弹出的下拉菜单中单击"基本形状"栏下的"椭圆"图标,在幻灯片上绘制一个横向的椭圆,覆盖在第1个至第4个"儿童图片"上。

05 修改椭圆样式 双击椭圆,在"绘图工具"|"格式"选项卡中,按图4-36所示的操作,修改椭圆集合圈为透明红色粗边框样式。

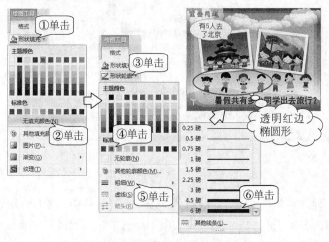

图4-36 修改椭圆样式

06 添加其他提示 按图4-37所示的操作,复制椭圆标注与椭圆形状,并修改样式。

图4-37 添加其他提示

提示

按住Ctrl键可以选中多个图形,按Ctrl+C组合键可以复制图形,按Ctrl+V组合键可以粘贴图形。

07 **保存课件** 单击"保存"按钮 保存课件。

4.2.4 添加声音素材

声音是多媒体课件的一种重要的构成元素。课件中的声音可以设置为幻灯片播放时的背景音乐，也可以作为朗读、范读等配音。PowerPoint 2010中可以插入多种格式的声音文件，其自带的录音功能，也为插入课件配音提供了方便。

实例8 **添加课件音乐**

小学英语课件"Small animals"中第1张到第4张幻灯片中的内容是一首英语歌曲的歌词，需要实现的效果如图4-38所示，在放映第1张幻灯片时，背景音乐"song.mp3"自动播放并持续，第4张幻灯片播放结束后，背景音乐停止。

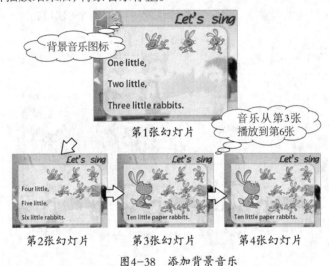

图4-38 添加背景音乐

本实例首先将背景音乐"song.mp3"插入到第1张幻灯片中，之后分别设置音乐的开始播放方式和结束时间，最后再通过PowerPoint 2010自带的"剪裁音频"工具，将重复两遍的音乐（00:35:50）在第1遍（00:19:50）结束的位置进行裁剪。

✏ **跟我学**

01 **插入背景音乐** 打开课件文件，选择第1张幻灯片，选择"插入"选项卡，按图4-39所示的操作，在第1张幻灯片中插入音乐文件"song.mp3"，并拖动图标到合适位置。

📍 提示

在幻灯片编辑状态和放映状态下，鼠标指针移动到声音图标上，都会出现声音播放控制条，通过控制条上的按钮可以控制声音的播放和音量。

📍 提示

PowerPoint 2010中能插入的音频格式常见的有.mp3、.mid、.wav、.wma，此外，.adts、.adt、.aac、.aif、.aifc、.aiff、.au、.snd、.midi、.rmi、.mp2、.m3u、.m4a、.wax、.asf格式的音频文件也可以插入到幻灯片中。

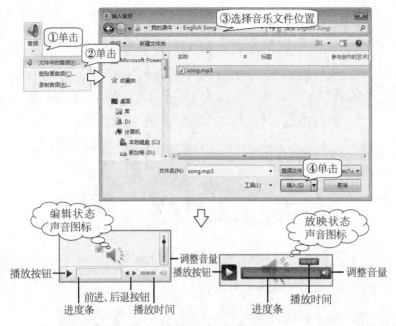

图4-39 插入背景音乐

02 设置音乐开始方式 在幻灯片上单击选中声音图标◀，按图4-40所示的操作，将背景音乐"song.mp3"设置为第1张幻灯片放映时自动开始播放。

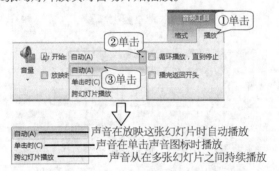

图4-40 设置音乐开始方式

03 设置声音结束时间 选择"动画"→"动画窗格"按钮⌘，打开动画窗格，按图4-41所示的操作，将背景音乐"song.mp3"设置在第6张幻灯片结束时停止播放。

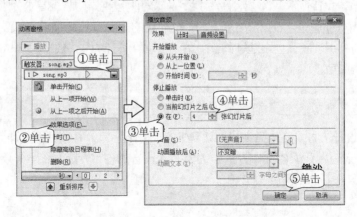

图4-41 设置声音结束时间

📍 提示

背景音乐"song.mp3"要从第1张幻灯片播放到第4张幻灯片结束，因此输入"4"。

04 裁剪音频 选择"音频工具"→"播放"→"裁剪音频"按钮，按图4-42所示的操作，将重复两遍的音乐（00:35:50）在第1遍（00:19:50）结束位置进行裁剪。

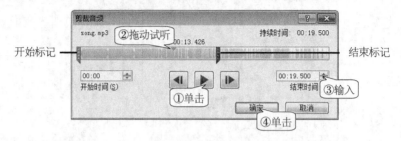

图4-42 裁剪音频

05 保存课件 单击"保存"按钮保存课件。

实例9 添加课件朗读

朗读配音在英语和语文课件中较常出现，该英语课件"Why are here？"中有两句英语的朗读配音，如图4-43所示，根据课件要求，两段配音需要在幻灯片放映时按顺序自动播放。

图4-43 朗读配音

PowerPoint 2010自带录音功能，课件中所需要的两句英语朗读配音将利用这一功能录制并插入到幻灯片中，并通过"动画窗格"设置两段配音的开始方式和播放方式。设置第1段配音"Why are you here?"在幻灯片放映时自动播放，第2段配音"I'm here to study English."在第1段配音播放结束后自动播放。

✏️ 跟我学

01 连接麦克风设备 将麦克风插头接入计算机的麦克风接口，并测试做好准备。

02 插入录制声音 打开课件文件，选中需要插入声音的幻灯片，按图4-44所示的操作，分别插入利用麦克风录制的两段英文配音。

图4-44 插入录制声音

💡 提示

　　利用PowerPoint 2010中"录音"功能录制的声音素材将会直接插入到当前幻灯片中，即不需要单独保存为音频文件就自动内嵌在演示文稿文件中使用。

03 设置声音开始方式 同时单击选中第2段配音的图标◀，在"音频工具—播放"选项卡中，选择"开始"▶→"自动"选项，将第2段配音设置为幻灯片放映时自动开始播放。

04 设置声音播放顺序 选择"动画"选项卡下"高级动画"组中的"动画窗格"按钮，打开"动画窗格"对话框，按图4-45所示的操作，将第2段配音设置为在第1段配音播放结束后自动播放。

05 保存课件 单击"保存"按钮💾保存课件。

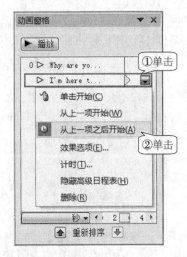

图4-45 设置声音播放顺序

4.2.5 添加视频素材

　　视频素材在多媒体课件中是最为生动形象的素材。在手机拍摄功能日趋强大的今天，PowerPoint 2010支持手机拍摄的大部分视频文件格式，因此可以随时拍摄下有助于教学活动的视频片段资源，再将其插入到课件中，丰富学生在课堂中的直观体验。

实例10 添加课件视频

　　这是小学科学课件"生物多样性的意义"，课件中需要将一段关于大象的视频插入到幻灯片中。如图4-46所示，这段视频可用的有效画面只占整个视频画面的一部分，且视频中也只有一段内容需要使用，因此要对其进行调整与美化，突出视频中的重点画面与内容。

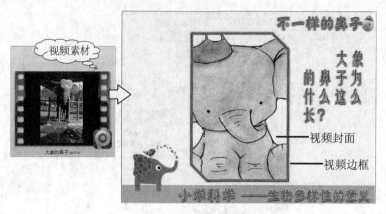

图4-46 添加视频素材

该视频在插入幻灯片后,将首先利用"裁剪"工具将视频画面中无用部分裁剪掉,调整好视频画面的大小,再通过"剪裁视频"工具截取视频中需要的一段内容,最后通过"标牌框架"和"视频样式"为视频添加封面与边框。

跟我学

01 **插入视频文件** 打开课件文件,选中需要插入视频的幻灯片,在"插入"选项卡中,按图4-47所示的操作,将视频文件"大象的鼻子.wmv"插入到幻灯片中。

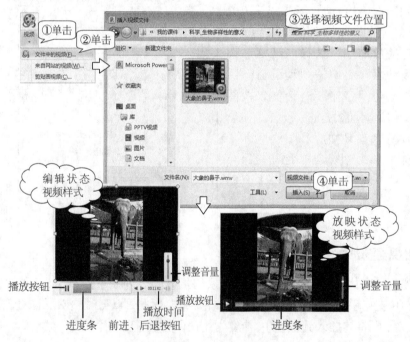

图4-47 插入视频文件

提示

在幻灯片编辑状态和放映状态下,鼠标指针移动到视频上,都会出现视频播放控制条,通过控制条上的按钮可以控制视频的播放和音量。

在PowerPoint 2010中，SWF动画文件也能够作为视频直接插入到幻灯片中，播放后Flash动画中的交互功能依然能够正常使用。此外，还支持插入.wm、.avi、.mov、.mp4、.3gp、.mpeg、.mpg、.wmv等格式的视频文件。

02 裁剪画面大小 单击选中视频，在"视频工具"|"格式"选项卡中，利用裁剪工具📐，按图4-48所示的操作，将视频中的无用画面裁剪掉，仅保留有用画面，并调整好位置。

图4-48 调整视频大小

单击选中视频后，视频的周围会出现一些圆形控制手柄，拖动这些手柄可以调整视频的位置、形状、旋转角度等。

03 截取视频内容 单击选中视频，在"视频工具"|"播放"选项卡中，利用"剪裁视频"工具✂，按图4-49所示的操作，截取第8秒到第30秒之间的视频内容。

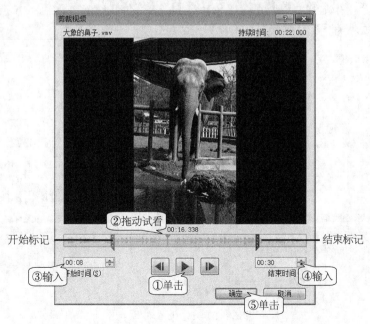

图4-49 截取视频内容

04 添加封面图片 选择"视频工具"|"格式"选项卡，按图4-50所示的操作，将图片"大象.jpeg"设置为视频的标牌框架，使之作为封面添加在视频上。

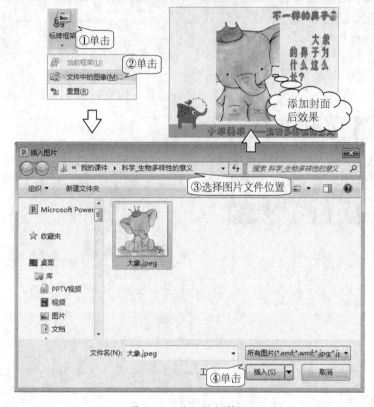

图4-50 添加视频封面

05 添加并美化边框 在"视频工具"|"格式"选项卡中，按图4-51所示的操作，为视频添加边框效果并美化边框。

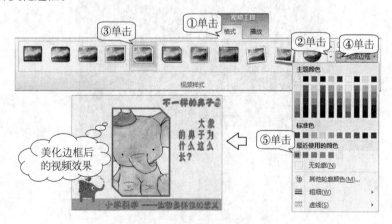

图4-51 美化视频边框

06 保存课件 单击"保存"按钮🖫保存课件。

提示

在课件中插入视频文件前，应该先将视频文件与课件文件存放在同一个文件夹中。需要移动\复制课件时，要对整个文件夹进行剪切\复制，如果只单独复制课件文件，视频文件将无法在幻灯片中播放。

知识窗

1. 幻灯片中的对象

PowerPoint 2010中，能够插入到幻灯片中的文字、图片、声音、视频等素材都可以称为幻灯片的"对象"。

单击选中某一对象后，如图4-52所示，PowerPoint 2010会在选项卡中单独增加一个与对象类型相对应的工具选项卡。利用这些选项卡提供的工具，能够修改对象的格式，并进行相关设置。

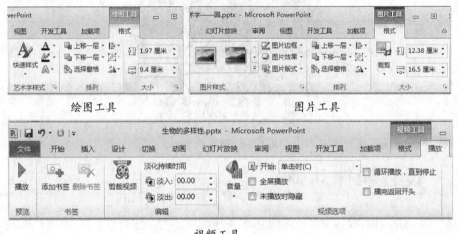

绘图工具　　　　　　　　　　　图片工具

视频工具

图4-52　各种对象设置工具选项卡

- 绘图工具：主要用于修改文本框、艺术字、自选图形等图形格式，如"快速样式"可以为对象快速修改填充色、边框色、阴影等效果。
- 图片工具：主要用于修改图片的格式，如"图片样式"可以为图片快速套用样式及效果，形成独特的图片风格。
- 视频（音频）工具："视频工具"和"音频工具"选项卡大致相同，"视频选项卡"下还有"格式"和"播放"两个选项卡，其中"播放"选项卡主要用于对视频进行剪裁、设置开始方式等调整。

2. 对象的基本操作

在PowerPoint 2010中，幻灯片对象的操作方式都大致相同。单击选中对象后，"开始"选项卡下"绘图"组中的"形状填充"按钮 形状填充、"形状轮廓"按钮 形状轮廓 和"形状效果"按钮 形状效果 可以设置所有对象的填充、边框颜色、阴影和发光等特殊效果。也可以利用"快速样式"按钮 根据幻灯片给出的效果快速设置对象的效果。

通过裁剪工具 ，可以将图片和视频画面中不需要的部分裁切掉，如图4-53所示。

裁剪手柄

图4-53 裁剪对象

通过拖动各控制手柄，调整对象的大小、形状、位置和旋转角度，如图4-54所示。

旋转手柄

大小调节手柄

形状调节手柄

图4-54 调整对象

▌4.3　设置课件动画

用户可以将文字、图片、音频、视频等素材集合到一个由PowerPoint 2010创建的演示文稿文件中，构成多媒体课件。

4.3.1　添加自定义动画

自定义动画是PowerPoint 2010软件的一项基本功能，幻灯片中的对象都可以为其添加自定义动画效果。在常规的课件制作中，设计并使用好自定义动画能够使课件更为灵活、生动。

实例11　添加课件动画

图4-55中所示的小学数学课件"平行四边形的面积计算"实例中要实现将一个平行四边形通过裁剪、拼贴的方式，转变成为一个长方形的动画效果，从而帮助学生更为直观地理解平行四边形面积计算公式的含义。

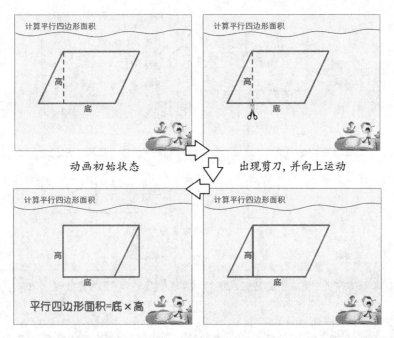

图4-55 动画运行过程

该实例将利用自定义动画中的"进入""退出"和"动作路径"来实现剪刀、虚线、三角形等对象的出现、消失及移动,并通过设置动画的开始方式来实现部分动画的同步效果。

✎ 跟我学

01 添加动画对象 打开课件文件,如图4-56所示的操作,在幻灯片上添加制作动画的图片、文字及图形,设置对象的格式,并拖动调整对象的位置。

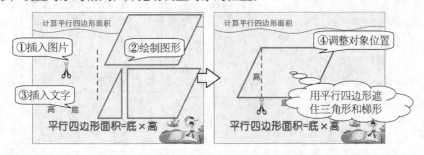

图4-56 添加动画对象

📍 提示

摆放图形的过程中,可以通过"开始"选项卡中的"排列"按钮🖳和"对齐"按钮🖳,调整图形之间的位置和层叠关系。

02 添加剪刀出现动画 选择"动画"选项卡下"动画"组中的"动画窗格"按钮🖳,打开"动画窗格"窗口,单击选中"剪刀"图片,按图4-57所示的操作,添加"淡出"动画,实现剪刀的出现效果。

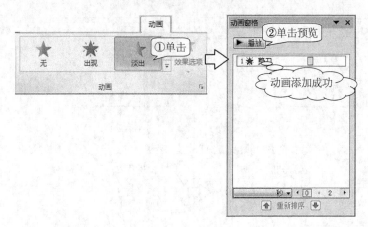

图4-57 添加剪刀出现的动画

💡 **提示**

"动画窗格"窗口中的"播放"按钮可以在幻灯片编辑状态下，直接预览动画效果。

03 添加剪刀移动动画 单击选中"剪刀"图片，按图4-58所示的操作，添加"向上"动画，并调整运动终点，实现剪刀向上移动的效果。

💡 **提示**

"动作路径"中的起点与终点是以对象的中心点来计算的。

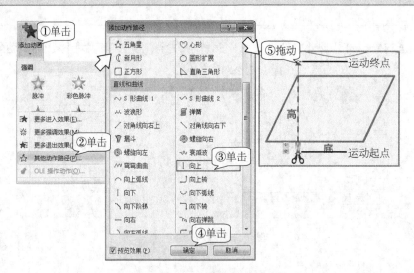

图4-58 添加剪刀移动动画

04 添加剪刀消失动画 单击选中"剪刀"图片，按图4-59所示的操作，添加"淡出"动画，实现剪刀向上消失的效果。

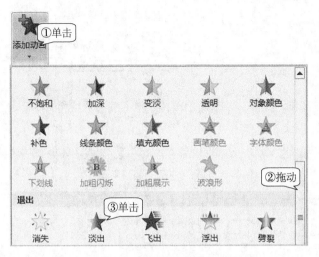

图4-59 添加剪刀消失的动画

📍 提示

  要为一个对象添加多个动画，必须使用"添加动画"按钮⭐，如果直接在"动画"选项卡中设置，则是修改这个对象之前设置的动画。

05 **添加其他动画** 重复上述操作步骤，如图4-60所示，依次设置"虚线消失""平行四边形消失""三角形移动"和"公式出现"4个动画。

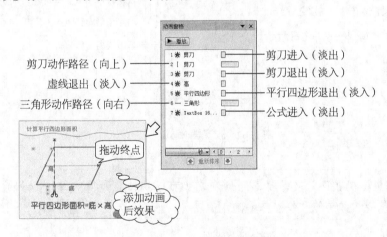

图4-60 添加其他动画

📍 提示

  如果有相同效果的动画出现，可以使用"动画刷"按钮🖌动画刷来提高工作效率。

06 **调整剪刀移动的开始方式** 在"动画窗格"中选中剪刀的"向上"动画，按图4-61所示的操作，实现剪刀在第1个动画"淡出"结束后自动向上移动的动画效果。

📍 提示

  自定义动画的默认开始方式是单击一次鼠标，则运行一个动画。动画依照"动画窗格"中的顺序逐个运行。

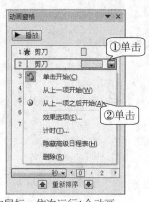

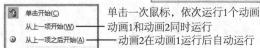

单击开始(C)———— 单击一次鼠标，依次运行1个动画
从上一项开始(W)———— 动画1和动画2同时运行
从上一项之后开始(A)———— 动画2在动画1运行后自动运行

图4-61　设置剪刀移动的开始方式

07 设置其他动画开始方式　重复上述操作步骤，如图4-62所示，依次设置"虚线消失""平行四边形消失""三角形移动"和"公式出现"4个动画。

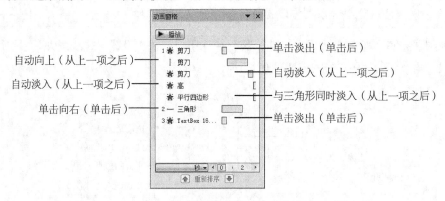

图4-62　设置其他动画开始方式

提示

> 如果希望出现相同效果的动画开始方式，可以在动画窗格中按住Ctrl键，选中多个动画，同时设置多个动画的开始方式。

08 保存课件　单击"保存"按钮🖫保存课件。

4.3.2　设置幻灯片切换

　　PowerPoint 2010中，可以为每一张幻灯片设置幻灯片切换效果，即在两张幻灯片切换的过程中实现一些动态的过渡效果，这样，幻灯片在放映过程中，能够使观看者感受到更为精致的欣赏体验。

实例12　设置课件切换

　　小学英语课件"Fireman and Policeman"，教学内容分为唱歌（幻灯片第4张~第7张）和学习单词（幻灯片第8张~第11张），课件将分组对不同教学内容的幻灯片进行切换效果的设置，以更好地体现教学流程，并实现部分幻灯片自动播放，如图4-63所示。

图4-63 幻灯片切换效果

如图4-63所示，实例中对封面、封底设置较为精美的幻灯片切换效果；对第4张到第7张幻灯片设置相同的切换效果，并通过修改其"换片方式"，实现自动播放效果；对第8张到第11张幻灯片设置相同的切换效果，并修改其效果选项。

✎ 跟我学

01 **添加幻灯片切换效果** 打开课件文件，按图4-64所示的操作，在"幻灯片浏览"视图中为封面设置幻灯片切换效果。

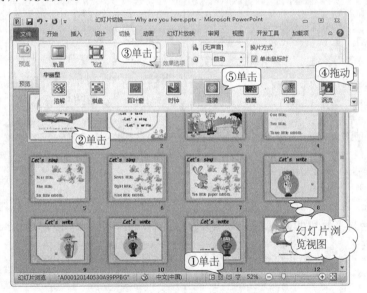

图4-64 添加幻灯片切换效果

📍 提示

在设置幻灯片切换效果时，使用"幻灯片浏览"视图，可以更方便地对所有幻灯片进行操作。

📍 提示

一般来说，课件封面、目录以及封底的幻灯片切换效果可以较为华丽，而正文部分的幻灯片切换效果则不可过于复杂，通常也不使用切换音效，以免打断学生学习思维，影响教学效果。

02 **设置换片方式** 按住Ctrl键，同时选中第4张到第7张幻灯片，在"切换"选项卡"切换到此幻灯片"组中，单击"其他"按钮，在弹出的下拉菜单中选择"细微型"栏下的"推进"效果，按图4-65所示的操作，设置这4张幻灯片为每隔4秒自动切换。

图4-65　设置换片方式

📍 **提示**

> 幻灯片切换的换片方式，通常默认为"单击鼠标时"，即单击鼠标一次换片。当设置了自动换片时间后，则不需要单击鼠标，幻灯片在时间到达后自动换片。

03 **修改切换效果**　同时选中第8张到第11张幻灯片，按照步骤02的操作，在下拉菜单中选择"华丽型"栏下的"立方体"效果，按图4-66所示的操作，设置这4张幻灯片的切换效果为"自左侧"。

图4-66　修改切换效果

📍 **提示**

> 修改幻灯片切换的效果选项，可以丰富幻灯片的切换效果。

04 **设置其他幻灯片切换效果**　根据实际需求，重复以上操作步骤，为第3张和封底设置幻灯片的切换效果。

05 **保存课件**　单击"保存"按钮🔲保存课件。

知识窗

1. 自定义动画的种类

PowerPoint 2010中的自定义动画包含"进入""退出""动作路径"和"强调"4种动画类型。这4种动画都需要经过一定的事件触发才

能够运行，如单击鼠标、前一个动画开始或已经执行等。

- "进入"动画：指对象在放映幻灯片时不出现，经过一定的事件触发，才进入到幻灯片画面中。

- "退出"动画：指对象在放映幻灯片时已经存在，经过一定的事件触发，从幻灯片画面中消失的动画效果。

- "动作路径"动画：指对象在幻灯片放映过程中，经过一定的事件触发，从一个位置移动到另一个位置的动画效果。这种移动也可以从幻灯片画面外移动到画面内，反之亦然。

- "强调"动画：指对象在幻灯片放映过程中，经过一定事件触发，改变其形状、颜色等原有状态特征的动画效果。

2. 动画窗格

"动画窗格"是制作与设置自定义动画最为重要的窗口，在动画窗格中可以设置实现删除动画、拖动调整顺序等操作，在打开的"效果选项"对话框中，可以为动画设置更为细致的效果，如图4-67所示。

图4-67　自定义动画"效果选项"对话框

4.4 增强课件交互

多媒体课件除了能够将各种图片、文字等各种素材整合,还具备一定的交互功能。在利用PowerPoint 2010制作课件时,可以通过超链接实现幻灯片中间的便捷跳转,利用动画触发器增加动画的随机性,插入控件添加放映状态下的可输入文本框,等等,这些人机交互功能的实现,有利于激发学生的学习积极性。

4.4.1 创建超链接

利用PowerPoint 2010制作课件时,可以为对象设置超链接。超链接可以实现课件页面之间的跳转,也可以方便地打开课件文档外部的文件、网页等内容,增加课件的容量。

实例13 创建课件超链接

小学语文课件"美丽的小兴安岭"中为图片和文字两个对象设置了超链接,其中图片链接到文件中的对应幻灯片,文字链接到网页上,如图4-68所示。

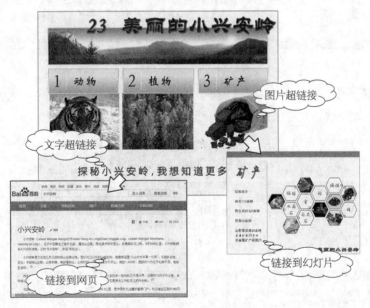

图4-68 包含超链接的课件

该课件需要将封面上的3张图片链接到文档中的对应页面,为封面文字链接网页,为正文页面上的文字添加超链接返回封面,并复制该超链接到其他正文页面中。

✎ 跟我学

01 添加导航超链接 打开课件文件,选中课件封面幻灯片,按图4-69所示的操作,为"老虎"图片添加超链接,链接到课件中的第2张幻灯片。

📍 提示

超链接通常在幻灯片放映状态下单击使用。如果想在幻灯片编辑状态下测试,可以右击图片,选择"打开超链接"选项 打开超链接(L) 进行测试。

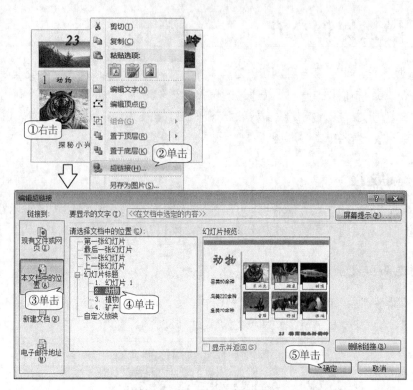

图4-69　添加导航超链接

02 **设置网页超链接**　按图4-70所示的操作，为文字"探秘小兴安岭……"设置超链接，链接到网页，其在放映状态下可以直接单击打开网页。

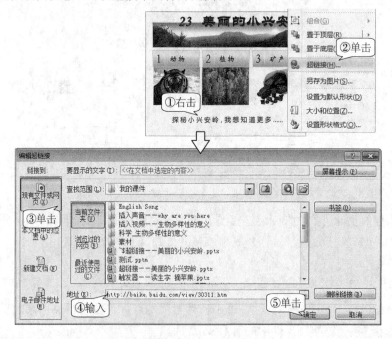

图4-70　设置网页超链接

📍提示

　　超链接的对象可以是网页、本地文件、电子邮件等多种形式。

03 添加返回超链接 选中第2张"动物"幻灯片，按图4-71所示的操作，为"美丽的小兴安岭"文字添加超链接到封面，并将其复制到其他"植物"和"矿物"面中。

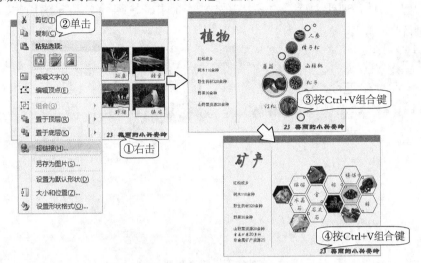

图4-71 添加返回超链接

04 保存课件 单击"保存"按钮📊保存课件。

4.4.2 设置触发器

在实际教学中，课件动画的运行有时需要根据课堂教学随机执行，而基本的自定义动画只能按照原有顺序依次执行。在PowerPoint中，为动画添加触发器，就能够通过单击触发器运行某一指定动画，从而打破原有的动画顺序，实现课堂教学的随机生成。

实例14 设置课件触发器

小学语文识字课件要实现的效果是，学生随机读生字，读到哪个字就单击哪个字，其苹果就自动落入筐中。这个动画的设计思想就是利用对象本身作为动画的触发器，实现"点哪个苹果，哪个苹果就落下"的效果，如图4-72所示。

图4-72 读生字摘苹果

该课件的制作首先要将文字与苹果图片组合并命名，之后为组合设置动画，并为这个动画添加触发器，触发器设置的对象为这个组合本身。

✎ 跟我学

01 组合对象 打开课件文件，选择"开始"选项卡，按图4-73所示的操作，组合文字"珠"与图片"苹果"，使之成为一个"组"。

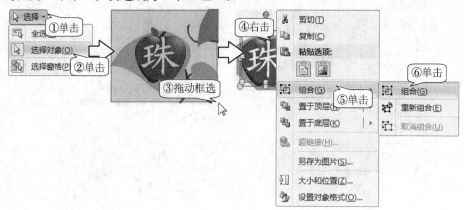

图4-73 组合对象

📍 提示

　　"组合"可以将多个对象合在一起成为一个新"组"，在对"组"进行移动、调整大小、设置动画等操作时，组合中的多个对象将同时发生改变。

02 设置组名 选择"开始"选项卡，按图4-74所示的操作，打开"选择和可见性"窗口，为"组"更改名称。

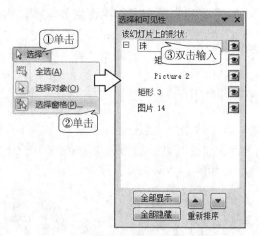

图4-74 设置组名

📍 提示

　　给对象和组重命名的目的在于，之后为动画设置触发器时能快速分辨需要作为触发器的对象。单击 🖾 可以辨别出幻灯片上的对象。

03 设置组"珠"动画触发器 在幻灯片中选中组"珠"，在"动画"选项卡下"动画"组中，为其添加"动作路径"→"向下"动画，按图4-75所示的操作，为组"珠"移动到筐中的动画添加触发器。

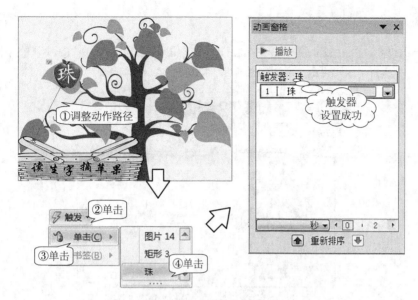

图4-75 设置动画触发器

04 复制动画效果 按图4-76所示的操作，在"选择和可见性"窗格中为其他组命名，选择"动画"选项卡下"高级动画"组中的"动画刷"按钮，将组"珠"的动画效果复制到其他组上。

图4-76 复制动画效果

提示

"动画刷"功能减少了制作课件时的重复性工作。利用动画刷制作的动画，能够复制原有动画的所有效果，而触发器会自动添加至新动画对象上，如复制组"珠"的动画到组"斗"上，复制的触发器会自动添加至组"斗"上。

05 保存课件 单击"保存"按钮🔲保存课件。

4.4.3 添加交互控件

PowerPoint 2010提供的ActiveX控件能够提高课件的交互性，比如能够在幻灯片放映状态下输入文本，填写一些简单表单，并对输入内容进行自动判断。将这些元素添加到课件或学件中，能够帮助学生获得最快捷的学习反馈效果。

实例15 添加课件交互框

小学英语课件"Fireman and Policeman"要实现的效果是在幻灯片放映状态下,能够向输入框中输入英文单词,检查学生对单词的掌握情况,如图4-77所示。

图4-77 课件输入单词框

该课件中的单词输入框,是利用PowerPoint 2010中的ActiveX控件"文本框"制作而成的,在插入该控件后,双击控件进行属性设置即可。

✒ 跟我学

01 **插入文本框控件** 打开课件文件,选择"开发工具"→"文本框(ActiveX控件)"按钮▦,按图4-78所示的操作,插入文本框控件,并打开控件编辑窗口,找到控件"属性"面板。

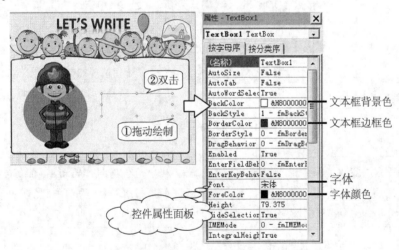

图4-78 插入文本框控件

02 **设置文本框颜色** 在控件"属性"面板中,按图4-79所示的操作,设置文本框的背景色和边框颜色。

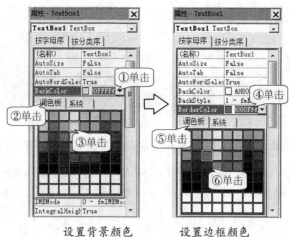

设置背景颜色   设置边框颜色

图4-79 设置文本框颜色

03 **设置文本框文字** 在控件"属性"面板中，按图4-80所示的操作，设置文本框中的文字颜色和字体，设置完成后关闭控件编辑窗口。

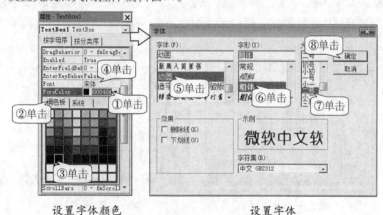

设置字体颜色   设置字体

图4-80 设置文本框文字

04 **保存课件** 单击"保存"按钮🖫保存课件。

知识窗

1. 超链接

超链接是指在幻灯片放映状态下，单击某个对象，实现文档中页面的跳转，或者直接打开指定的文件或网页等。

在PowerPoint 2010中幻灯片内插入的所有对象都可以用来做超链接。超链接所链接的文本可以是现有网页或文件、本文档中的幻灯片、新建的文档或是电子邮箱。

2. 触发器

为自定义动画添加触发器，可以实现动画的无序播放。在PowerPoint 2010中，触发器可以是幻灯片中的任何对象，如文字、图片、视频、音乐、组等。多个动画对象可以使用同一个触发器，其效果就是单击触发器时，几个动画同时运行。

触发器除了可以触发自定义动画的运行，还可以触发声音、视频对象的播放和停止。

4.5 美化课件效果

课件的素材与动画决定了课件的功能，而课件的美观与否会直接影响学生学习的注意力状态。课件的美化要从色彩、风格、细节上考虑整体的效果。通常来说，一个完整的课件会使用一种较为统一的色彩及版式。

4.5.1 确定课件风格

每个课件的教学内容不同，因此，课件的整体风格也应该与教学内容相呼应。做到风格与内容相统一，有助于提高学生对学习内容的整体感知。一般来说，课件的风格由色彩、版式和字体等方面构成。

实例16 分析课件风格

在结合教学内容的基础上，首相从色彩上考虑，通过颜色自身的情感，确定课件的主色调。如图4-81所示，小学语文"欢庆"一课，就通过红色这一喜庆的颜色来传达课文中人们热情洋溢的情感，溢情感体验于文本之外；而小学英语"The four seasons"课件，使用绿色，传达出四季中"一年之计在于春"的清新明快。

红色——热情洋溢

灰色——沉着稳重

蓝色——宽广冷静

黄色——活泼可爱

绿色——清新明快

图4-81 课件色彩风格

此外，要确定课件的风格，还可以从版式上考虑，如小学数学"圆的初步认识"，利用半圆形构图，结合教学内容，更容易营造学习氛围。

其次，在文字格式的选用上，小学语文《古诗两首》选用的字体，古色古香，创设了一个学习古诗的唯美情境。

最后，在课件风格的确定上，配图需要考虑到学科特点，如《谁画的鱼最大》是一个美术课件，因此选用了卡通手绘风格的图片，而没有选用鱼的实拍照片，这也是为了烘托学科特点而考虑的。

⌖ 提示

在设计课件整体风格时，可以选用"PPT美化大师"软件来辅助。这款软件安装后会内嵌在PowerPoint 2010的选项卡中，使用方便。其中的"幻灯片"与"图片"效果资源丰富，有助于提升课件美感。

4.5.2 统一课件模板

为了保证课件的整体风格，通常一个课件中的大多数幻灯片会使用相同的背景、版式、文字样式和色彩方案，这可以通过"幻灯片母版"来为课件制作一个统一的模板，在减少重复工作的同时，统一课件的整体风格。

实例17 制作课件母版

图4-82所示的课件中，封面母版用来制作封面和封底，统一 二者风格，正文母版用来制作正文页面，统一版式。

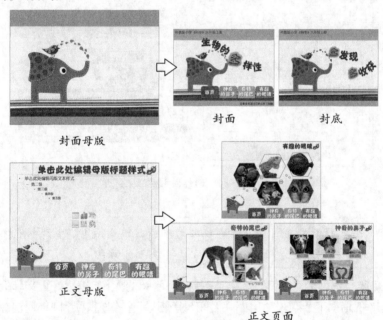

图4-82 母版与页面的关系

在该实例中，将制作两张幻灯片母版，通过设置母版幻灯片的背景、插图、文字方案、超链接以提高制作课件的效率。

✐ 跟我学

01 进入"幻灯片母版"视图 打开课件文件，选择"视图"选项卡下"母版视图"中的"幻灯片母版"按钮▤，进入"幻灯片母版"视图，效果如图4-83所示。

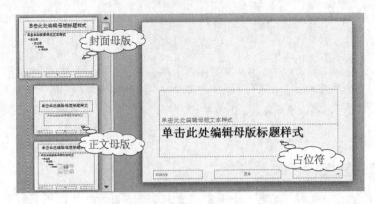

图4-83　进入"幻灯片母版"视图

💡 **提示**

"母版"幻灯片的编辑方式和普通幻灯片基本相同。

02 制作封面母版　选中封面母版幻灯片，右击，在弹出的菜单中选择"设置背景格式"命令🞂，按图4-84所示的操作，为母版幻灯片设置图片背景，并删除幻灯片上的所有占位符。

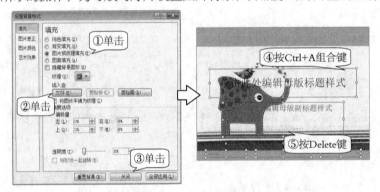

图4-84　制作封面母版

💡 **提示**

一般来说，课件封面以及封底通常可以较为华丽，仅有两页，且风格也不需要过于统一。因此封面母版只要做好背景即可，其中的占位符都可以删除。

03 制作正文母版　选中正文母版幻灯片，按图4-85所示的操作，编辑好正文母版幻灯片后，单击"幻灯片母版"选项卡下"关闭"组中的"关闭母版视图"按钮🗙，回到"普通视图"状态。

图4-85　制作正文母版

母版中插入的所有对象都将以背景方式出现在页面视图的每1张幻灯片中，但在页面视图中不能对这些对像进行编辑（占位符除外）。

04 利用母版新建幻灯片 选择"开始"选项卡下"幻灯片"组中的"新建幻灯片"按钮📋，按图4-86所示的操作，为课件插入封面、正文、封底共5张新幻灯片。

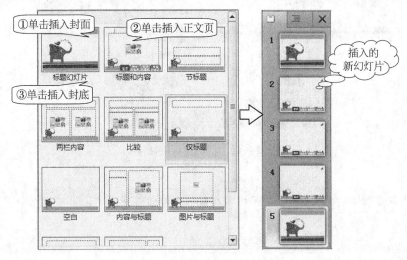

图4-86 利用母版新建幻灯片

05 制作课件页面 按图4-87所示的操作，制作如实例所示效果中的所有课件页面。

图4-87 制作课件页面

占位符中的文字内容和文字样式都可以修改。

06 创建母版超链接 按照步骤01所示操作，进入"幻灯片母版"视图，选择正文母版，按图4-88效果的所示，为4个导航图形添加超链接，并关闭"幻灯片母版"视图。

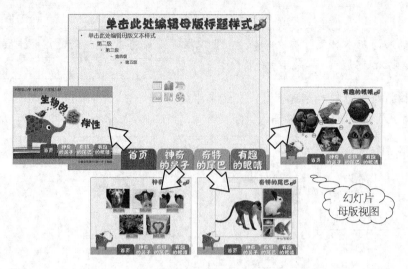

图4-88　创建母版超链接

📍 提示

母版中设置好的超链接，在每1张使用此模板的幻灯片中，都能正常运行。

07 **保存课件**　单击"保存"按钮🖫保存课件。

4.5.3　美化课件细节

在制作课件的过程中，图文排版、修饰对象效果等工作通常比较复杂，且不容易实现艺术化的效果和强烈的表达效果。PowerPoint 2010提供了SmartArt图形功能，能够实现快捷地图文混排功能，从细节处提升课件的美感。

实例18　**美化课件排版**

课件中的图文排版效果需要能够带给学生整洁大方、重点突出等感受。图4-89所示实例中展示了利用SmartArt图形功能制作的图文混排效果，左侧的图文版式使得页面效果清爽整洁，右侧的表达式制作快捷，且重点突出。

图4-89　利用SmartArt图形排版的课件

在左侧案例中首相将需要的图片插图幻灯片中，再利用SmartArt图形的自动图文混排功能，实现重新排版与添加文字。

📖 跟我学

01 转换SmartArt图形 打开课件文件，在选定的幻灯片中插入5幅图片，按图4-90所示的操作，设置图片版式，将5幅图片转换到SmartArt图形中自动排版。

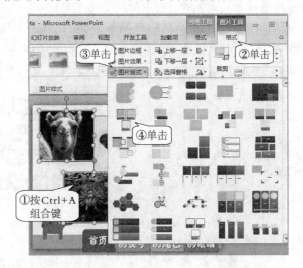

图4-90 设置图片版式

02 调整SmartArt图形 按图4-91所示的操作，在SmartArt图形中输入文字并调节图形的位置与大小。

图4-91 调整SmartArt图形

📍 提示

使用SmartArt功能调整大小、移动等操作与幻灯片中其他对象的操作基本相同。

知识窗

1. 幻灯片母版

幻灯片母版是一种用于制作幻灯片的模板，其本身也是一张幻灯片。母版中可以添加PowerPoint中的所有对象，包括自定义动画。

利用母版制作幻灯片时，就像为幻灯片设置了背景。而与背景不同的是，背景一般是一张静态图片，母版则是一张可以编辑的幻灯片，可以随时修改，并使幻灯片也随之改变。

有时在一个演示文稿中，可以制作风格相似而形式不同的多个幻灯片母版，供新建制作幻灯片时选择，制作出风格统一而又形式多样的幻灯片。

2. SmartArt图形

如图4-92所示，SmartArt 图形通常以图文混排的方式来传达信息。

创建SmartArt 图形可以直接通过"插入"选项卡来新建，并进行编辑；也可以利用原有幻灯片中的已有图片通过选择"图片版式"来转换。

SmartArt图形的操作与幻灯片中的其他对象基本相同，也可以为其添加自定义动画等功能。同时SmartArt图形还可以转换为文本或形状，以便在更大的范围内使用。

PowerPoint 2010为SmartArt图形提供了更为强大便捷的制作与修改方式。

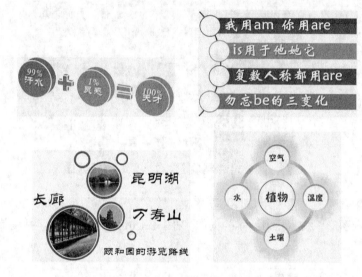

图4-92　SmartArt图形案例

第 5 章

制作教学微课

随着科学技术的不断发展，教育教学方式也在不断更新。微课正在成为一种新型的教学模式和学习方式，给课堂教学带来新的变化，为课堂提供了一种更高效的教学手段。微课给我们带来的不仅仅是一种新的教学模式和学习方式，更向我们启示了一种新的研究和学习理念。

本章通过介绍微课的基础知识与制作方式，让读者了解制作微课的常用方法和制作技巧，根据教学的需求，制作出符合教学实效的微课。

本章内容

制作拍摄型微课　　　　制作录屏型微课　　　　了解微课基础知识

5.1 了解微课基础知识

微课是指以视频为主要载体，记录教师在课堂内外围绕某个知识点或教学环节而开展的教与学活动的过程。制作微课之前，我们先来了解微课的基础知识。

5.1.1 认识微课

微课具备教学时间较短、教学内容精简、资源容量较小等特点，一般微课的时间在5分钟左右，把教学重点、难点、疑点等内容以视频的形式呈现出来。为了使学习者能自主学习获得最佳效果，微课从学习者的角度去考虑制作设计，体现了以生为本的教学理念。

实例1 "点的写法"微课

系列微课是指知识点的讲解具有连贯性的一系列微课。本例是小学语文书法教学系列微课中有关点的写法的一节微课，效果如图5-1所示。

图5-1 微课"点的写法"效果图

在教学中，微课所讲授的内容呈"点"状、碎片化，这些知识点，可以是教材解读、题型精讲、考点归纳，也可以是方法传授、教学经验等技能方面的知识讲解和展示。通过实例的观看与研究可以进一步认识微课的这些特点。

✎ **跟我学**

01 播放微课 打开光盘中实例1"点的写法"微课，通过观看图5-2所示的内容，可以

了解微课时间长度、微课教学呈现重点内容时的教学方式。

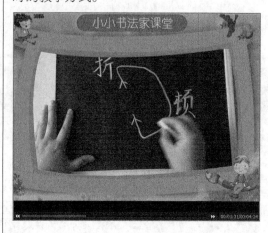

图5-2 播放微课

02 暂停微课 在观看到教学提问时，可以通过暂停方式，让学习者有一定的观察与思考时间。如图5-3所示的操作，是分别在提问处与解答处暂停。

图5-3 暂停微课

03 反复观看微课 还可以通过拖曳方式反复观看微课，让学习者细致观察微课教学的重点内容。图5-4所示截屏为在点的正面与侧面示范处多次观看。

图5-4 反复观看微课

04 进行练习 在观看教学重要内容时,可以通过暂停,让学习者有练习操作的时间。图5-5所示截屏为在扩展内容与自由练习处暂停。

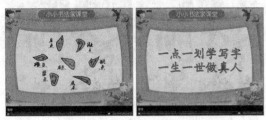

图5-5 暂停微课进行练习

知识窗

1. 微课的特点

微课是课堂教学有效的补充形式,它不仅适合移动学习时代知识的传播,也适合学习者个性化、深度学习的需求。由于微课是针对特定的目标人群、传递特定的知识内容,因此一个微课自身需要系统性,一组微课所表达的知识需要全面性。微课一般具有以下特点。

- 授课人讲授性:授课教师可以出镜,也可以话外音。
- 流媒体播放性:使用视频、动画等基于网络流媒体播放。
- 教学时间较短:5~10分钟为宜,最少的1~2分钟,最长的不宜超过10分钟。
- 教学内容较少:着重突出某个学科知识点或技能点。
- 资源容量较小:适于基于移动设备的移动学习。
- 精致教学设计:完全的、精心的信息化教学设计。
- 经典示范案例:真实的、具体的、典型案例化的教与学情景。
- 自主学习为主:供学习者自主学习的课程,是一对一的学习。
- 制作简便实用:多种途径和设备制作,以实用为宗旨。

- 配套相关材料:微课需要配套相关的练习、资源及评价方法。

2. 微课的构成

微课是指以课程标准为依据,围绕单一的、严格定义的知识点展开的课程资源,包括微课视频、进阶练习、学习任务单3个相互配套的组成部分。

- 微课视频:一般用于解释知识点的核心概念或内容、方法演示、知识应用讲解。
- 进阶练习:与微课视频配套,一般采用在线测试方式,用于检测学生对知识点的知识能力目标的掌握程度,是一种基于课程标准的查缺补漏的学习过程。
- 学习任务单:强调任务驱动和问题导向,把学习任务转化为激发学生思考的问题,让学生在问题解决过程中达到学习目标。

3. 微课的分类

微课按照教学方法、教学环节和制作手段不同,有不同的分类。

- 按照教学方法可分为讲授类、讨论类、启发类、演示类、练习类、实验类、表演类、自主学习类、合作学习类、探究学习类等,如图5-6所示。

图5-6 按教学方法分类

- 按照教学环节可分为复习类、导入类、理解类、练习类、拓展类等,如图5-7所示。

图5-7 按教学环节分类

- 按照制作手段可分为PowerPoint类、录屏类、拍摄类、交互类等，如图5-8所示。

图5-8　按制作手段分类

5.1.2　制作微课流程

"凡事预则立，不预则废"，制作微课也不例外。一节完整的微课制作环节应该包括微课选题、脚本设计、素材准备、微课制作和后期处理等环节，如图5-9所示。

图5-9　制作微课流程

1. 精选主题

如表5-1所示，在人教版小学语文园地中，选择《趣味语文之对联学习》作为一个知识点设计一节微课，让学生在5分钟内反复观看，清晰识别，深入了解，准确运用，突破了课本教学中的重难点。

表5-1　微课选题

选题意图	积累对联，了解回文联和叠字联及其上下联的意思，激发学习语文的优美诗句的兴趣
内容来源	人民教育出版社语文四年级上册园地一之"日积月累"
适用对象	小学语文　中年级段
教学目标	1. 阅读对联能使我们感受到汉语的节奏美，体验句子的对称美 2. 能够正确识别上下联是不是符合对联的要求，搜集、摘录其他有趣的对联，加强对古文化的积累，提高语文学习的趣味，激发学习兴趣
教学用途	√课前预习　√课中讲解或活动　√课后辅导　□其他
知识类型	√理论讲授型　□推理演算型　□技能训练型　□实验操作型 □答疑解惑型　□情感感悟型　□其他
制作方式	√拍摄　√录屏　√演示文稿　□动画　□其他
预计时间	5分钟

2. 设计脚本

选定课题后，根据教学内容，对微课结构与教学环节进行细化。如表5-2所示，设计脚本的目的，就是有利于理清教学思路，给制作提供依据。

表5-2　微课脚本设计

微课结构	教学环节	脚本内容与设计思路
一、片头 （5～10秒）	呈现微课信息	展示微课主题、主讲讲师姓名、单位、职称等信息，提供舒缓的背景音乐，营造轻松愉快的学习氛围
二、导入 （10～20秒）	揭题设问 激趣导入	这儿有4副描写自然景观的对联，下面我们逐一来学习（设计媒体情景，引入自然景观与对联相对应）

微课结构	教学环节	脚本内容与设计思路
三、正文讲解 （5分钟）	围绕目标 逐步引导 提出问题 引发思考 概括提升	第1副：讲授 内容：雾锁山头山锁雾；天连水尾水连天（福建厦门鼓浪屿） 字面意思：云雾环绕着山峰，群山也吸引着云雾；蓝天和一望无际的水相连接 突出：是一副典型的回文联（出示回文联） 引导：回文联是楹联中的特殊手法，其特点是既可以顺读，也可以倒读。正读、倒读字序不变，且有对称美
		第2副：讲授 内容：绿水本无忧，因风皱面；青山原不老，为雪白头（浙江宁波天童寺） 字面意思：绿水没有忧愁，只因风一吹，才愁眉苦脸；青山怎么会苍老，但是雪一下，愁啊愁，愁白了头 突出：是一副典型的拟人手法对联 引导：大自然的客观规律，在人看来却是含意万千，用拟人手法写景，手法独特，别具一格
		第3副：讲授 内容：水水山山处处明明秀秀；晴晴雨雨时时好好奇奇（浙江杭州西湖） 字面意思：山水相依到处是明艳秀丽的景色；时而晴天，时而下雨，变幻不定，景色非常奇特 突出：是叠字联（出示叠字联） 引导：联句立意新颖，用字恰切，放在西湖这一特定的景观中，非常贴切、自然。美景如在眼帘，使人陶醉于山光水色之中
		第4副：练习 内容：重重叠叠山，曲曲环环路；丁丁冬冬泉，高高下下树（杭州西湖九溪十八涧联） 字面意思：群山起伏重叠，山路弯弯曲曲；山泉发出丁丁冬冬的声音，树木高矮不一，错落有致 提问：这是什么对联？ 解答并引导：对联用叠字的形式，将四个形容词"重叠、曲环、丁冬、高下"做了特殊处理，景深语绝，读来余味无穷
		课堂练习： 练习1：白云观中观云白；流水河里河水流（答案：回文联）；练习2：翠翠红红，处处莺莺燕燕；风风雨雨，年年暮暮朝朝（答案：叠字联） 解答：它们的字面意思并不难理解，也都是对自然景观的描写，大家可进一步加以体会，感受大自然的美好风光
四、小结 （1分钟）	扩展练习 教学回顾 提出问题 引发思考	扩展练习：思考一下，看看出示的下联是不是符合对联的要求 练习1：风吹杨柳千门绿，雨润桃花万树红 练习2：冬去山明水秀，春来鸟语花香 练习3：植树造林绿大地，栽花种草美人间 小结：很明显，上联和下联都是内容相关，形式对仗的。课后大家可进一步搜集、摘录其他有趣的对联，加强对古文化的积累，提高语文学习的趣味，激发起对大自然的热爱之情
练习 测试题	课后知 识点 巩固练习	1. 对联必须讲究对仗工整吗？ （正确答案：A）A是 B不是 2. 以大门为朝向，贴对联时上下联应在什么位置？ （正确答案：B）A上左下右B上右下左 3. "鸟宿池边树"的下联在原文中是什么？ （正确答案：B）A僧推月下门B僧敲月下门

3. 准备素材

脚本旁白、图片、视频、音乐、音效是制作微课的要素,脚本设计好后,确定了所需要的媒体,就要开始准备制作所需的文字、图片、声音、动画、视频等。素材的准备可以从以下几个方面着手,如图5-10所示。

图5-10 微课程的构成要素

● 文本的准备:文字可以在文字处理软件中输入与编辑,可以设置字体、字号、颜色等;大部分多媒体制作软件都支持文字的录入与编辑。一般常用的文本编辑软件有Word、WPS等。

● 图像的准备:图像素材可以在网上直接搜索、下载,也可以使用数码相机拍摄。最终的图像还需通过图像处理软件进行构图剪切、调整大小、调节亮度与对比度等。一般常用的图像编辑软件有Photoshop、光影魔术手、美图秀秀等。

● 声音的准备:声音素材可以在网上直接搜索、下载,或者用计算机话筒录制声音。最终的声音素材还需音频处理软件进行长度剪辑、去除噪声、添加合成等。一般常用的声音编辑软件有Audition、gold wave、mp3剪切工具等。

● 动画的准备:动画素材可以在网络上进行搜索、下载,也可以通过专门的动画制作软件制作动画。初学者还可以通过对动画的反编译进行二次修改。一般常用的动画编辑软件有3DMAX、Flash等,动画反编辑软件有闪客精灵。

● 视频的准备:视频素材可以在网上

直接搜索、下载,也可以使用数码摄像机拍摄。最终的视频还需通过视频处理软件进行剪切、编辑。一般常用的视频编辑软件有Premiere Pro、会声会影等。

4. 制作微课

根据选择的技术、手段的不同,微课视频媒体呈现形式也不一样。一般有拍摄型微课、录屏型微课、交互型微课和混合型微课。

如录屏型微课,完成音频和摄像头、屏幕像素、灯光设计、环境调适、熟悉讲稿、理清思路等准备工作后,教师只需要按 "录制键" 借助屏幕录制软件,即可完成微课视频的自动录制。具体制作方法后面将详细讲解,此处略。

5. 后期完善

后期完善一般包括对已经录制好的视频进行编辑和美化以及保存,包括把视频片头和片尾的空白部分分割移除,为视频的片头和片尾配上背景音乐,等等。

微课的部分细节,如间隔太长,时间太短,字幕标题、声音处理、画面镜头变化等,也可以进行修改。

5.1.3 微课制作方法

微课根据制作工具的不同,在制作方式上包括软件屏幕录制、数码设备拍摄制作、综合类混合式制作,但最终输出的格式为适合网络视频播放使用。

1. 软件屏幕录制制作方式

录屏为主的微课制作一般由执教人独立完成。常用的录屏软件如图5-11所示,其中Camtasia Studio屏幕录制软件不但可以录制,还可以进行微课的后期编辑,如添加片头、字幕、视频剪辑、视频特效、添加配音、消除噪音等。

PowerPoint   屏幕录制专家   screencast-0-matic   Camtasia Studio

图5-11 常用屏幕录制软件

2. 数码设备拍摄制作方式

制作拍摄为主的微课时，主要采用的器材有数码摄像机（高清摄像机、DV机）、数码相机（单反机、卡片机）、摄像头（录播教室式、桌面式）以及智能平板电脑和手机，如图5-12所示。使用这些设备对整个教学过程进行拍摄，最后通过视频编辑处理生成微课。

数码摄像机　数码相机　摄像头 智能平板和手机

图5-12　数码拍摄设备

3. 其他类型微课制作方式

微课制作的方法除上述介绍的外，还有交互式Articulate微课制作、综合型Captivate微课制作、"可汗学院"平台微课程制作、"微讲台"软件微课制作等，如图5-13所示。

Articulate　　Captivate　　可汗学院　　微讲台

图5-13　其他类型微课制作

5.1.4　微课制作环境

在制作多媒体课件之前，首先必须选择合适的开发环境，主要包括硬件环境和软件环境。只有充分了解微课制作常用的硬件设备，掌握相应的软件操作，才能制作出需要的微课视频。

1. 了解微课制作的辅助硬件设备

在设计和开发微课之前，除了必不可少的计算机和录像设备之外，还需要购置相关的专门设备，如方便演示操作的无线鼠标激光笔，录音效果较好的电容式话筒，以及用于录制屏幕板书的手写数位板等设备，如图5-14所示。

无线鼠标激光笔　　麦克风　　　数位板

图5-14　微课制作常用的辅助硬件设备

2. 了解微课制作的常用软件

微课制作工具有很多种，包括录屏式微课制作、交互式微课制作、视频编辑软件、音频制作、格式转换软件等。表5-3列举了最常用软件。

表5-3　微课制作常用软件

软件类别	软件名称	软件简介
录屏式微课制作软件	Camtasia Studio	Camtasia Studio是美国TechSmith公司出品的屏幕录像和编辑的软件套装。软件提供了强大的屏幕录像、视频的剪辑和编辑、视频菜单制作、视频剧场和视频播放功能等，可以方便地进行屏幕操作的录制和配音、视频的剪辑和过场动画、添加说明字幕和水印、制作视频封面和菜单、视频压缩和播放
	屏幕录像专家	屏幕录像专家是一款专业的屏幕录像制作工具。使用它可以轻松地将屏幕上的软件操作过程、网络教学课件、网络电视、网络电影、聊天视频等录制成FLASH动画、ASF动画、AVI动画或者自播放的EXE动画
交互式微课制作软件	Adobe Captivate	Adobe Captivate软件可以让任何不具有编程知识或多媒体技能的人都真正能够快速地创建功能强大的、引人入胜的仿真、软件演示、基于场景的培训和测验。使用软件时，通过简单地单击用户界面和自动化功能，可以轻松记录屏幕操作，添加电子学习交互，创建具有反馈选项的复杂分支场景

续表

软件类别	软件名称	软件简介
白板式微课 制作软件	SmoothDraw	SmoothDraw是一款具有和Painter类似绘画质量的自然绘画软件，具备众多可调画笔、纸张材质模拟，支持多重线条平滑反走样、透明处理及多图层能力，支持压感绘图笔，以及图像调整和特效等，简单易用，即刻上手，体积仅2MB。支持的画笔除了钢笔、铅笔、粉笔蜡笔、喷枪、毛刷、图片喷雾外，还有调整照片的明暗笔、模糊笔、锐化笔，以及Painter玩家上色平滑必备的水模糊笔。图像调整上包含了所有常用的功能亮度、对比度、色调等，还有足够多的特效可以应用。支持各种绘图板（数位板、手写板、数字笔）
微课制作其 他辅助工具	会声会影	会声会影是最简单好用的DV、影片剪辑软件，具有图像抓取和编修功能，可以抓取、转换MV、DV、V8、TV，也可以实时记录抓取画面文件，并提供有超过100多种的编制功能与效果，可导出多种常见的视频格式，甚至可以直接制作成DVD和VCD光盘；支持各类编码，包括音频和视频编码
	Cool Edit Pro	Adobe Audition是多音轨编辑工具，支持128条音轨、多种音频特效、多种音频格式，可以很方便地对音频文件进行修改、合并
	格式工厂	格式工厂（Format Factory）是一款多功能的多媒体格式转换软件，可以实现大多数视频、音频以及图像不同格式之间的相互转换。转换具有设置文件输出配置、增添数字水印等功能

5.2 制作录屏型微课

录屏型微课制作软件较多，本节分别从易上手的PowerPoint软件制作微课入手，接着介绍便于操作的屏幕录像专家软件制作微课，最后介绍功能专业的Camtasia Studio软件制作微课，通过3个不同的案例使读者对录屏型微课制作有一定的了解。

5.2.1 使用PowerPoint制作微课

有PowerPoint制作课件经验的老师，利用PowerPoint 2010版的新增功能，可以非常方便地上手，在短时间内就能制作出高品质的微课。

实例2 **"短文两篇"微课**

图5-15所示的"短文两篇"微课截屏是中学语文七年级下册中的内容，主要指导学生了解文言文一词多义现象，正确掌握文言文句中的停顿，体会古代神化中的英雄形象。

图5-15 微课"短文两篇"效果图

本实例模拟已经有一个完整的课件为前提，微课制作重点是调试话筒、添加微课背景音乐、调整背景音乐长度与音量大小、设置播放速度和同步配音,利用PowerPoint 2010另存为视频的功能,制作微课。

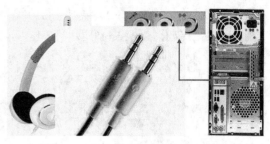

图5-16 将耳机正确连接到计算机

跟我学

▶ 调试话筒

录制微课前,需要正确地连接话筒,并在操作系统中设置话筒设备的录音参数,以保障录制微课时能采集清晰的旁白配音。

01 连接计算机 将耳机的话筒与声音连接头插入计算机背面对应颜色和标识的插口中,如图5-16所示。

02 测试话筒 将话筒连接到计算机后,右击桌面右下角的◀图标,选择"录音设备"选项,在图5-17所示的界面中以正常说话音量进行测试。

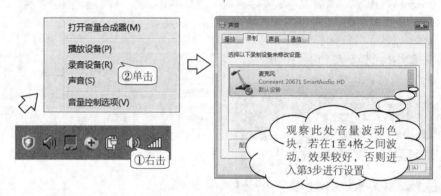

图5-17 测试话筒

03 设置话筒 若话筒测试的效果不佳,按图5-18所示的操作进行设置。设置完成后继续按第2步进行测试,满意后单击"确定"按钮,关闭对话框。

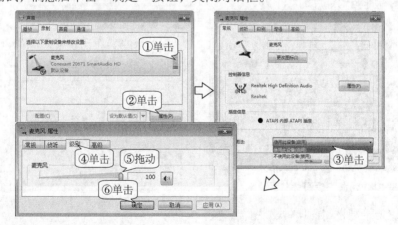

图5-18 设置话筒

▶ 添加背景音乐

在微课中添加背景音乐,可以烘托课堂教学的氛围,增强微课的播放效果,从而调动学习者的积极性。

01 打开文件 运行PowerPoint软件，打开"实例2 短文两篇.pptx"文件。

02 插入背景音乐 按图5-19所示的操作，插入背景音乐"神话.mp3"。

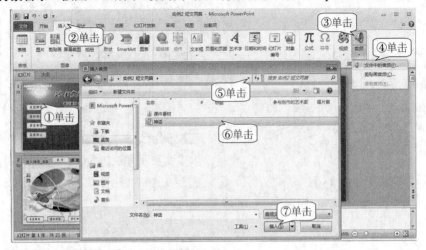

图5-19 插入背景音乐

03 调整音量大小 按图5-20所示的操作，调整插入的背景音乐的音量大小。

图5-20 调整背景音乐的音量大小

04 移动声音图标 按图5-21所示的操作，将声音文件图标拖至幻灯片的右下方。

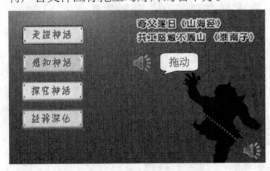

图5-21 调整声音图标位置

05 设置播放属性 选中"喇叭"图标，按图5-22所示的操作，设置音频属性为"跨幻灯片播放|循环播放"，按Ctrl+S组合键，保存课件。

图5-22 设置音频播放属性

⬤ 提示

利用PowerPoint软件提供的功能，可以选择背景音乐的播放片段位置，也可以设置背景音乐的淡入与淡出效果。

01 剪裁音频 选中"喇叭"图标，按图5-23所示的操作，设置音频的开始时间与结束时间，选定音频内容长度后进行剪裁。

图5-23 剪裁音频

02 设置淡入谈出效果 在"播放"选项卡中，按图5-24所示的操作，设置"淡入"时间1秒，"淡出"时间1秒。

图5-24 设置淡入淡出效果

知识窗

如图5-25所示，"音频选项"组有"音量""开始""循环播放，直到停止""放映时隐藏"和"播完返回开头"5个选项，这些命令可以控制音频的播放。其中"音量"选项中有"低""中""高""静音"4个选项，"开始"选项中有"自动""单击时""跨幻灯片播放"3个选项。

● 自动：指幻灯片播放时，音乐同时自动播放。

● 单击时：指幻灯片播放时，单击"小喇叭"图标，音乐才能播放。

● 跨幻灯片播放：幻灯片往下切换时，音乐继续播放不会停止，直至音乐结束。

图5-25 音频播放选项

▶ 录制幻灯片

利用PowerPoint软件提供的"录制幻灯片演示"功能，边演示，边配音解说，将操作过程与旁白配音录制在幻灯片中。

01 **选择幻灯片演示** 选择"幻灯片放映"选项卡，按图5-26所示的操作，录制幻灯片演示。

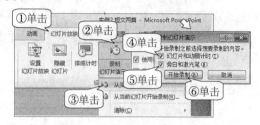

图5-26 选择"录制幻灯片演示"命令

02 **录制语音旁白并计时** 按图5-27所示的操作，通过话筒进行录音，当录制完"夸父逐日"文言文的旁白后，可单击鼠标左键切换到下一张幻灯片。

图5-27 录制语音旁白

03 **完成录制** 录制完成后，每张幻灯片的右下角会出现一个声音图标，单击此声音图标就可以播放并听到录制的声音，效果如图5-28所示。

▶ 生成微课视频

利用PowerPoint软件提供的"另存为"功能，将PowerPoint演示文稿格式文件另存为MPEG-4视频文件格式，即生成可以播放的视频微课。

图5-28 完成语音录制后效果

01 **另存为视频文件** 单击"文件"选项卡下的"另存为"选项，按图5-29所示的操作，将文件保存为Windows Media视频文件格式。

02 测试微课效果 按图5-30所示的操作，播放测试微课的制作效果。

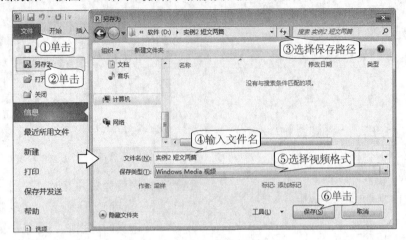

图5-29 另存为视频文件

图5-30 测试微课效果

5.2.2 使用屏幕录像专家制作微课

利用屏幕录像专家软件，可以轻松地将屏幕上的软件操作过程、网络教学课件、网络视频、动画等录制成Flash、WMV、AVI格式的文件，也可以生成不需播放软件支持，能直接播放的EXE文件。

实例3 "电子杂志趣事多"微课

图5-31所示"电子杂志趣事多"微课是小学信息技术三年级第二单元中的内容，旨在通过比较电子杂志与传统杂志各自的优势，引导学习者掌握对比式、探究学习的方法。

图5-31 微课效果图

本实例利用屏幕录像专家软件的录屏功能，将教学课件、电子杂志展示操作与教师语音旁白同时录制，让读者体验简单方便一次性生成微课的完整过程。

跟我学

▶ 下载并安装软件

制作微课需要有相关的制作软件，本节以屏幕录像专家软件为例，介绍如何在网络中搜索、下载与安装微课制作软件。

01 搜索软件 打开360安全浏览器，在地址栏中输入http://hao.360.cn/，按图5-32所示的操作，在"综合搜索"文本框中输入关键词"屏幕录像专家"进行搜索。

图5-32 搜索软件

02 下载软件 按图5-33所示的操作，下载"屏幕录像专家"软件。

图5-33 下载软件

03 安装软件 按安装提示要求多次单击"下一步"按钮，如图5-34所示的操作，先后安装屏幕录像专家和屏幕录像专家LXE播放器完成安装。

图5-34 安装软件

▶ 设置录制参数

使用屏幕录像专家软件录制微课前，需要设置录制参数，如设置录制屏幕的大小、录制文件的格式、录制时的声音等。

01 基本设置 双击桌面上的图标，打开屏幕录像专家，按图5-35所示的操作，设置文件名、文件格式等基本参数。

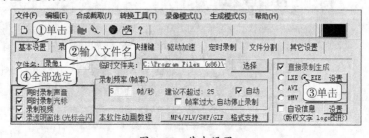

图5-35 基本设置

02 设置录制目标 按图5-36所示的操作,设置全屏幕进行录制。

图5-36 设置录制目标

03 设置声音 按图5-37所示的操作,设置采样频率,拖动音量大小,选择录音来源,选中自动增加鼠标点击声音,测试试录功能。

图5-37 设置声音

▶ **体验录制过程**

　　完成上述设置后,就可以开始正式录制微课了。通过单击录制、暂停和停止按钮,可以方便快捷地完成微课的录制过程。

01 开始录制 按图5-38所示的操作,设置好录制操作中的快捷键后,单击▣开始录制。

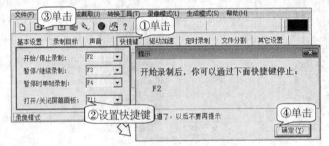

图5-38 开始录制

02 暂停录制 在实际录制时,有时需要进行软件切换操作,而这个操作过程又不想被录下来,如图5-39所示,可在切换之前先按F3键暂停,切换操作完成后再按F3键进行录制。

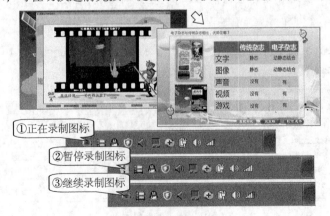

图5-39 暂停录制

03 停止录制 录制操作完成后，按F2键停止操作，如图5-40所示，屏幕录像专家会自动处理，完成压缩声音操作，并自动生成录制的微课文件。

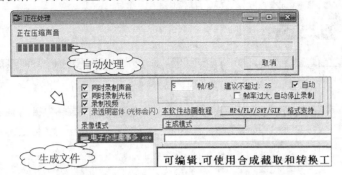

图5-40 停止录制自动生成微课文件

▶ 后期编辑处理

使用屏幕录像专家软件录制完成后，可以通过截取视频、后期配音和格式转换操作完成微课的后期编辑处理。

01 截取视频 有时只需要视频的一段内容，按图5-41所示的操作，先设置好要截取视频片段的头和尾，再进行截取，将截取后的视频另存为一个新的文件名。

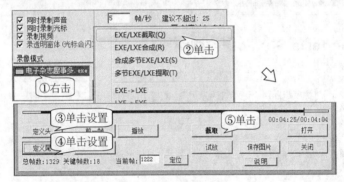

图5-41 截取视频操作

02 后期配音 有时需要重新为视频配音，按图5-42所示的操作，进行配音。

图5-42 后期配音操作

03 格式转换 有时微课需要不同的文件格式，按图5-43所示的操作，可将EXE格式的文件转换为WMV格式。

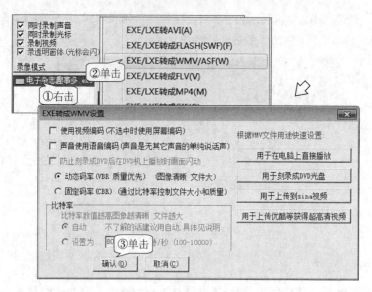

图5-43 格式转换操作

提示

> 因为我们安装的屏幕录像专家是共享版的,在功能上是有所限制,购买版权进行注册,成为正式用户后,即可使用更多功能。

5.2.3 使用Camtasia Studio制作微课

Camtasia Studio是一款专业的微课制作软件,软件提供了强大的屏幕录像、视频的剪辑和编辑功能,学习者可以方便地进行录制和配音、视频的剪辑和过场动画设置、添加说明字幕等操作。

实例4 **"了解选取工具"微课**

图5-44所示"了解选取工具"是初中信息技术Photoshop知识的一节微课。该微课主要讲解Photoshop软件不同的选取工具。通过示范演示,让学习者理解针对不同的情况选择合适的选取工具。

图5-44 微课效果图

由于Camtasia Studio软件功能较为强大,本实例重点介绍剪辑视频片段、添加变焦标注、编辑处理微课声音和制作交互测试几个方面的功能。

✎ 跟我学

▶ **进行录制**

录制前准备好话筒，打开PowerPoint课件，使用Camtasia Studio软件的录制功能，教师边演示边进行讲解，完成微课原始视频的录制操作。

01 打开软件准备录制 先打开准备录制的课件"了解选取工具.pptx"，再双击桌面C图标运行Camtasia Studio 8软件，其界面如图5-45所示。

图5-45 认识Camtasia Studio 8软件

02 开始录制 按图5-46所示的操作，输入录制区域宽度为"1024"像素，长度为"768"像素，拖动调整话筒音量大小，选择PowerPoint课件区域进行录制。

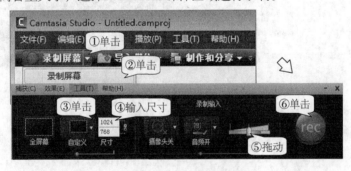

图5-46 开始录制

03 暂停/继续录制 授课者在录制过程中，按图5-47所示的操作，通过录制菜单控制录制过程。

图5-47 暂停/继续录制

04 保存录制 授课者使用课件边演示边讲解，当授课结束后，按F10键，按图5-48所示

的操作，停止录制并保存视频。

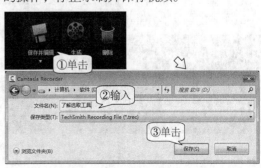

图5-48 停止录制并保存

139

05 进入编辑界面 保存后可以看到录制的音频文件在轨道1，录制的视频文件在轨道2，按图5-49所示的操作选中录制的音频文件和视频文件。

图5-49 进入编辑界面

06 保存项目 选择"文件"→"保存项目"命令，如图5-50所示的操作，将项目保存为"了解选取工具.camproj"。

图5-50 保存项目

▶ **剪辑视频**

浏览视频，找到录制的不合适画面片段的位置，对其进行视频分割，再将分割出的不需要的视频片段删除。

01 浏览录制视频 在预览框中浏览录制的视频，在需要被剪除的片段的开始处，按图5-51所示的操作，单击分割"视频按钮"。

图5-51 浏览录制视频

02 分割视频 继续预览视频，在需要被剪

除的片段的结束处，按图5-52所示的操作，再次单击"分割视频"按钮。

图5-52 分割视频

03 删除视频 按图5-53所示的操作，删除分割选定后不要的视频。

图5-53 删除视频

04 连接视频 按图5-54所示的操作，将被删除视频两端的两段视频连接起来。

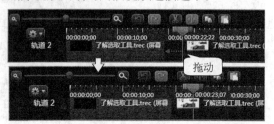

图5-54 连接视频

💡 **提示**

在拖动滑块定位时间点时，可以使用放大、缩小按钮来缩放时间轴的时间刻度，以便更精确地定位时间点。

05 保存项目 完成上述操作后，选择"文件"→"保存项目"命令，将剪辑后的视频保存到项目文件中。

知识窗

1. 录制工具条

使用Camtasia Studio软件录制屏幕上的过程，也可以使用"录制屏幕"命令。在录制前设置好图5-55所示的"录制工具条"后，按录制按钮"rec"即可进行录制。

图5-55 录制工具条

2. 直接剪辑视频

除了用分割视频的方法剪辑视频，还可以直接使用"剪"命令剪辑视频。按图5-56所示的操作，即可将所选区间的视频直接删除。

图5-56 直接剪辑视频

▶ 变焦设置

在变焦面板中可以通过添加关键帧在时间轴中添加变焦点，通过设置变焦比例、时间段以及变焦区域来突出屏幕中某区域内容。

01 添加变焦 将时间轴滑块移至需要变焦处，按图5-57所示的操作，添加变焦点。

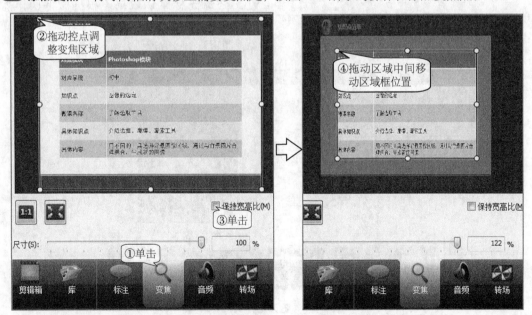

图5-57 添加变焦

02 还原变焦 将时间轴滑块移至需要还原变焦处，按图5-58所示的操作，拖动滑块，还原窗口为原始大小。

图5-58 还原变焦

03 设置其他变焦 参照上述操作，根据需要分别设置其他需要突出放大或缩小显示的内容。

▶ 光标设置

微课在录制过程中，鼠标光标的突出显示，可以有效引导学习者关注所指示位置。通过光标效果的设置，可以改变光标呈现、单击、双击时的显示效果。

01 打开光标效果菜单 选择准备改变光标效果的时间点，按图5-59所示的操作，打开光标效果菜单。

图5-59 打开光标效果菜单

02 设置光标显示效果 按图5-60所示的操作，可以设置不同光标的显示效果。

图5-60 设置光标显示效果

03 还原光标默认效果 根据微课操作需求，在指定的时间点，按图5-61所示的操作，可以还原光标原始显示效果。

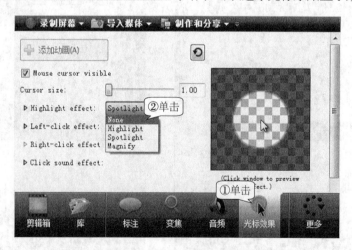

图5-61 还原光标默认效果

▶ 添加标注

给录制的视频中的某时间段添加标注，可以在观看微课时提醒学习者注意教学的重难点内容，也可以通过标注完成一些特殊的显示效果。

01 添加标注 将时间轴滑块移至需要显示标注的时间处，如图5-62所示的操作，设置"暂停"标注，并添加移动到合适位置。

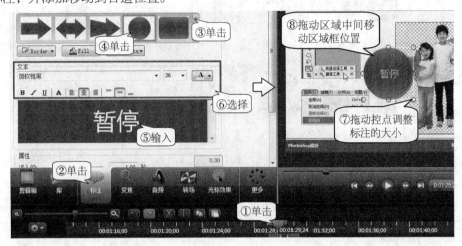

图5-62 添加标注

02 修改标注呈现时间 按图5-63所示的操作，拖动设置标注出现的时间位置，以及标注呈现的时间长度。

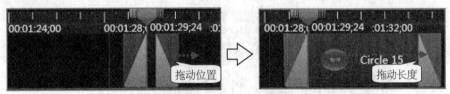

图5-63 修改标注呈现时间

03 模糊标注遮挡应用 按图5-64所示的操作，选择模糊标注形状，并在轨道上按上述操作调整标注的大小、位置与显示时间长度，来遮挡视频中不合适呈现的视频信息。

图5-64 模糊标注遮挡应用

▶ 声音编辑

在Camtasia Studio软件中可以为编辑处理后的视频进行配音，并对配音进行降噪处理，还加以添加背景音乐以及设置背景音乐的大小、淡入淡出等。

01 删除原始配音 按图5-65所示的操作，删除原始配音。

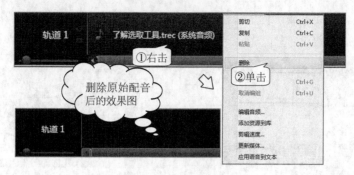

图5-65　删除原始配音

02 **重新配音**　按图5-66所示的操作，为最终定稿的视频进行配音。

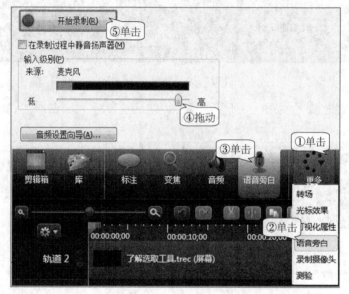

图5-66　重新配音

03 **停止并保存配音文件**　按图5-67所示的操作，保存配音文件。

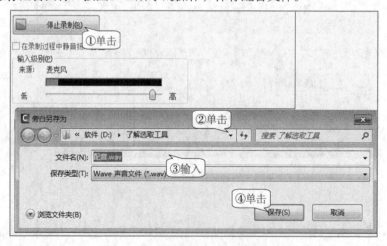

图5-67　停止并保存配音文件

04 **增加配音音量**　按图5-68所示的操作，增加配音的音量。

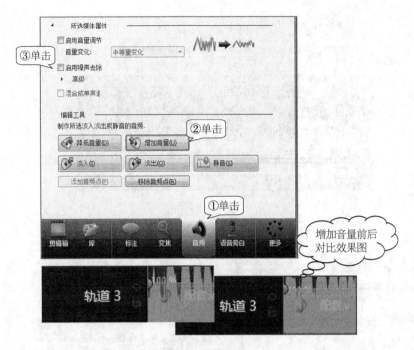

图5-68 增加配音音量

05 **自动噪声修整** 按图5-69所示的操作，可以自动对录音时的电流以及一些杂音进行噪声自动修整。

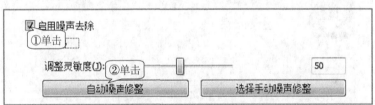

图5-69 自动噪声修整

06 **添加背景音乐** 按图5-70所示的操作，可以为微课添加背景音乐，丰富教学效果。

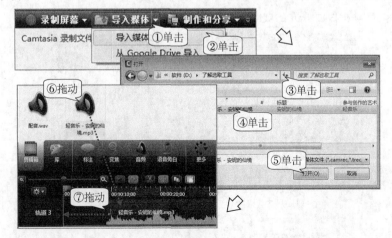

图5-70 添加背景音乐

07 **设置背景音乐** 按图5-71所示的操作，设置背景音乐播放效果。

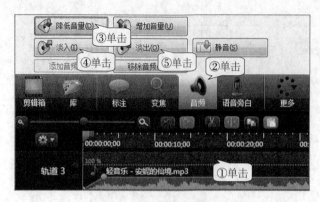

图5-71 设置背景音乐

▶ **输出微课视频**

按Camtasia Studio视频生成向导操作，可以根据需要输出所需要的视频格式文件。如输出有交互测试功能的微课，需要选择带有播放器的网页格式文件。

01 **打开生成向导** 按图5-72所示的操作，完成生成向导的第一步。

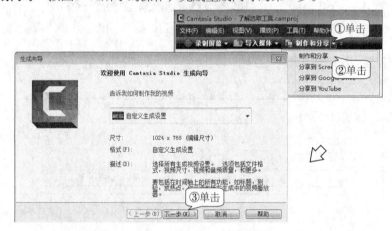

图5-72 打开视频生成向导

02 **选择视频格式** 按图5-73所示的操作，选择微课常用的WMV视频格式。

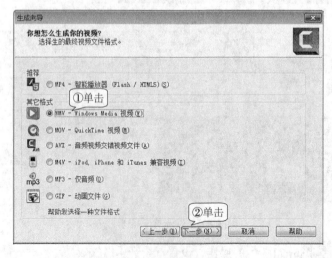

图5-73 选择视频格式

03 选择视频编码与大小　按图5-74所示的操作，设置视频编码与生成视频的大小。

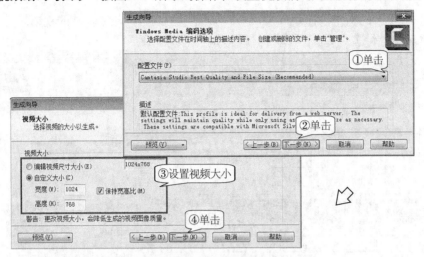

图5-74　选择视频编码与大小

04 生成视频　按图5-75所示的操作，生成微课视频文件。

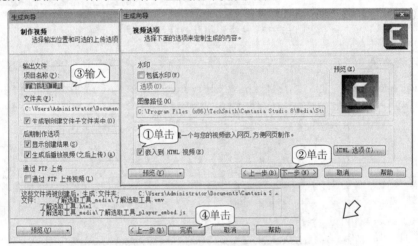

图5-75　生成微课视频文件

知识窗

1. 添加测验题

Camtasia Studio软件提供了"测验"功能，在微课视频中添加测验题，可以让学习者观看微课的同时进行自我检测。按图5-76所示的操作，编辑测验题。

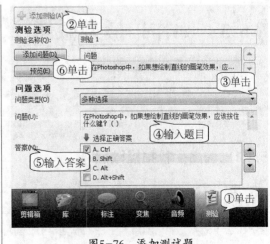

图5-76　添加测试题

2. 生成能播放测验题的格式

按图5-77所示的操作，在Camtasia Studio软件中生成有测验题功能的视频。

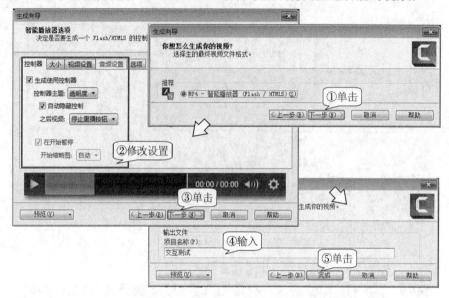

图5-77　生成能播放测验题的格式

3. 体验测验题

Camtasia Studio软件生成有测验题的视频后，按图5-78所示的操作体验测验题的使用。

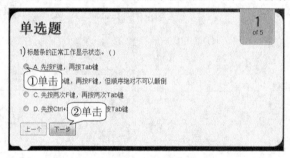

图5-78　体验测试题使用

5.3　制作拍摄型微课

　　使用拍摄工具制作微课，是最常用、最普遍的微课制作方式之一。根据不同类型拍摄工具的特点，掌握制作微课视频的方法，可以丰富微课的呈现形式，提高微课视频的教学效果，从而增加学生对微课的学习兴趣。

5.3.1　利用手机拍摄微课

　　手机是大家最为熟悉的通信设备。此处手机是指带有摄像功能的手机，就拍摄微课而言，摄像性能效果越强的手机制作出的视频效果会越好。当然手机制作微课的特点是对设备门槛要求低，只要有好的创意，在注意光线与声音环境的前提下，都可以拍摄出优秀的微课。

实例5 "清平乐·村居"微课

本实例内容是小学语文五年级"清平乐·村居"的一节微课。该微课借助手机支架,固定手机,通过垂直向下拍摄的方式拍摄视频,效果如图5-79所示。

图5-79 微课效果图

本实例在拍摄制作之前,授课教师需要准备手机固定支架,本例中的固定支架是选用手机懒人支架,这个支架可以在网上方便购买,且价格便宜。拍摄方式如下:

✍ 跟我学

▶ 拍摄准备

使用手机支架固定手机,使用胶带固定出一个拍摄位置,准备纸张和彩色笔以便微课拍摄使用。

01 准备设备 拍摄之前,准备手机、手机支架、纸张、胶带、裁纸刀、彩色笔等设备,如图5-80所示。

手机　　　　手机支架　　　　纸张　　　　胶带　　　　裁纸刀　　　　彩色笔

图5-80 准备设备

02 固定手机 首先将手机支架下方固定在桌子上,调整支架弯度;然后将手机固定在支架上,调整手机拍摄的水平度,操作如图5-81所示。

固定支架　　　　调整弯度　　　　　固定手机　　　　　调整手机

图5-81 固定手机

03 设置区域 使用胶带在桌面上固定一个矩形区域，便于手机拍摄时定位显示区域范围，操作如图5-82所示。

  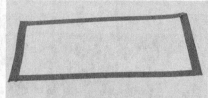 

粘贴胶带　　　　　　固定胶带　　　　　　　设置区域　　　　　　调整后全景图

图5-82　设置区域

▶ **拍摄步骤**

打开手机自带的拍摄软件，调整好拍摄选景范围与拍摄焦点后，设置拍摄视频的大小与格式，开始录制；拍摄过程中注意操作效率与节奏；拍摄结束后单击停止拍摄键。

01 拍摄前设置 打开手机拍摄软件，调整拍摄区域，设置合适焦距。单击开始拍摄，如图5-83所示。

打开手机　　　　运行软件　　　　选择区域　　　　设置焦距　　　　开始拍摄

图5-83　拍摄前设置

02 暂停拍摄操作 如果在录制时需要停止，可以按手机拍摄软件的暂停键，继续拍摄时，再按一次暂停键，即可重新开始拍摄。

03 停止拍摄操作 录制结束后，只需要按停止键即可完成拍摄。

04 导出视频操作 通过连线将手机与计算机相连接，再通过手机助理软件，将所拍摄的视频导入计算机。

▶ **注意事项**

使用手机固定拍摄不同于一般的视频拍摄，拍摄时要注意一些细节，如不要超出拍摄范围、头部不能遮挡镜头、手上不戴饰品等。

01 注意拍摄范围 授课时应在固定区域内进行操作。请不要将教学用的物品放在拍摄区域之外，如图5-84所示。

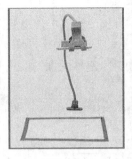
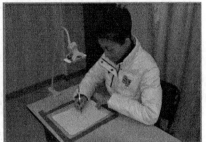

超出范围　　　　　　　　　　拍摄区域　　　　　　　　　　正确操作

图5-84　注意拍摄细节

02 注意拍摄动作　教师在授课拍摄时要注意操作的动作节奏，特别是手部在书写文字时，不可上下移动，因为软件自动对焦的原因，上下移动速度过快会导致画面不清晰。

03 不干扰拍摄　拍摄时不要出现干扰微课拍摄的行为与物品，如头部不要遮挡镜头，手上不要戴戒指、手镯等干扰学生注意力的饰品，如图5-85所示。

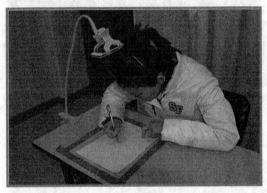

头部遮挡手　　　　　　　　　　　　　　　　饰品干扰

图5-85　干扰拍摄的形式

04 注意拍摄光线　教师在拍摄时如果室内光线不足，在不干扰拍摄的前提下，可以使用台灯之类的光源对拍摄区域进行增加照明，使拍摄的视频画面明亮。

知识窗

1. 手机微课拍摄方法

手机微课拍摄除了采用固定式垂直拍摄方法外，还可以采用固定式水平拍摄方法，甚至也可以对计算机屏幕进行拍摄，如录制一些普通学科老师难以下载的视频或动画课件的播放过程。固定式水平拍摄方法和垂直拍摄方法基本相同。

2. 手机拍摄后的视频导出与处理方法

手机微课拍摄完成后可以通过数据线将拍摄的视频导入计算机。不同类型的手机拍摄的微课视频格式可能不相同，可以通过格式工厂软件对拍摄的视频进行格式转换。具体转换方式，请参考本书其他章节，此处略。

5.3.2 利用摄像机拍摄微课

使用摄像机拍摄微课是一种常见的方式，关于摄像机的操作使用内容此处略。本小节重点介绍摄像机拍摄时的入画出画的处理、定格画面的应用知识。

实例6 "How to make suggestions" 微课

本例内容是中学英语八年级"How to make suggestions"重点内容"提建议的句式"理解的一节微课，采用的拍摄方法是摄像机单机位不停机拍摄，效果如图5-86所示。

课件应用拍摄   黑板应用拍摄

图5-86 微课效果图

✎ **跟我学**

▶ **入画拍摄**

入画拍摄是指角色或景物进入拍摄机器的取景画幅中，可以经由上、下、左、右等多个方面对角色进行拍摄。

01 拍摄固定镜头 简单地说就是镜头对准目标后，做固定点的拍摄，而不做镜头的推近拉远动作或上下左右的扫摄，图5-87所示固定镜头拍摄以稳定性为主。

介绍课题   导入新课

图5-87 拍摄固定镜头

02 保持构图平衡 如图5-88所示，保持画面的平衡性和画面中各物体要素之间的内在联系，画面中课件画面占2/3，教师在画面的1/3黄金分割处，此时画面布局较为平衡。

画面的平衡性　　　　　　　　　　　　课件与教师6：4比例

图5-88　保持构图平衡

03 拍摄入画镜头　授课教师从电子屏幕移动到黑板处的拍摄过程，就是黑板从左向右的入画拍摄过程，如图5-89所示。

入画镜头　　　　　　　　　　　　　入画拍摄

图5-89　拍摄入画镜头

04 拍摄出画镜头　授课教师如果从黑板再移动到电子屏幕处，将黑板画面移出镜头的过程就是黑板出画镜头拍摄。无论是入画拍摄还是出画拍摄都要保持镜头的稳定性。

▶ **定格拍摄**

定格是指将视频的某一格即视频的某一帧，通过技术手段，增加若干帧，以达到影像静止状态的目的。通常微课的开始与结束都是以定格开始和结束的。

01 拍摄板书　拍摄授课教师在黑板上书写时要注意角度，不要出现教师身体完全遮挡书写的文字的画面。教师在书写板书时身体要侧一点，以便镜头画面显示板书内容，如图5-90所示。

书写文字　　　　　　　　　　　　　讲解文字

图5-90　拍摄板书书写与讲解

02 定格画面　授课教师在讲授教学重点内容时，拍摄者应给出定格画面，以起强调与突出的作用，便于学生观看，如图5-91所示。

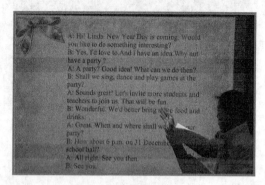

讲授重点　　　　　　　　　　　　　　　定格画面

图5-91　拍摄定格画面

03 定格画面其他应用　一般每个微课的片头和片尾都有5~8秒的定格画面。定格画面的应用目的就是使影像处于静止状态，便于观看影像内容。

5.3.3　拍摄师生互动微课

在微课教学中，有时还会出现学生，而微课中的学生是起到辅助教学的作用。本小节结合具体案例从多角度拍摄、镜头应用等方面介绍拍摄过程。

实例7　"武术"微课

本例内容是小学"武术"练习系统微课中的一课，效果如图5-92所示。本实例主要从拍摄的角度介绍录制微课的技巧。

准备活动　　　　　　　　　　　　　　　教学画面

图5-92　微课效果图

采用不同的角度拍摄和运动拍摄，可以使拍摄的画面更加丰富、动感，本实例将重点介绍这两种拍摄技巧。

 跟我学

▶ 多角度拍摄

在大多数情况下，拍摄以平摄为主。但是整段视频一律采用平摄，易使观看的人感到平淡乏味。偶尔变换一下拍摄的角度，会给影片增色不少。

01 平摄　即水平方向拍摄，大多数画面应该在摄像机保持水平的方向拍摄，这样比较符合视觉习惯，画面效果也显得比较平和稳定，如图5-93所示。

教师示范　　　　　　　　　　　　　　　　学生练习

图5-93　水平方向拍摄

02 侧摄　即侧面方向拍摄，通过侧摄能丰富教学内容，如图5-94所示。

教师示范　　　　　　　　　　　　　　　　学生练习

图5-94　侧面拍摄

03 其他角度拍摄　拍摄角度还有仰摄，即由下往上拍摄；俯摄，即由上往下拍摄。这都是根据不同的需要进行选择的，此处略。

▶ 运动摄像

运动摄像就是一个镜头中通过移动摄像机机位，或者改变镜头光轴，或者变化镜头焦距所进行的拍摄，通过这种拍摄方式所拍到的画面，称为运动画面。

01 拍摄技巧　由推、拉、摇、移、跟、升降摄像和综合运动摄像形成的推镜头、拉镜头、摇镜头、移镜头、跟镜头、升降镜头和综合运动镜头等，此处只介绍推镜头和拉镜头，其他镜头介绍参见本小节知识窗。

02 推镜头拍摄　推镜头拍摄是摄像机向被摄主体方向推进，如图5-95所示。

原镜头画面　　　　　　　　　　　　　　　　推镜头拍摄

图5-95　推镜头拍摄

03 **拉镜头拍摄** 拉镜头拍摄是摄像机逐渐远离被摄主体，或变动镜头焦距使画面框架由近至远与主体拉开距离，如图5-96所示。

原镜头画面 拉镜头拍摄

图5-96 拉镜头拍摄

知识窗

1. 景别的应用

微课拍摄中常用的景别有5种，分别是远景、全景、中景、近景和特写。图5-97所示为同一人物的5种景别拍摄。

远景　　　　　全景　　　　　中景　　　　　近景　　　　　特写

图5-97 5种景别的应用

● 拍摄"远景"：常用来展示事件发生的时间、环境、规模和气氛。如在拍摄室外微课时表现开阔的环境、参与的学生场面，重在渲染气氛，介绍环境。

● 拍摄"全景"：用于表现教师与教学环境、学生与教学环境之间的关系。如课堂的环境、学生的活动、教师的教态等。

● 拍摄"中景"：进一步接近被摄主体。如拍摄学生回答问题时的情景，不但可以表现回答问题的学生的表情和神态，同时还可显示邻座学生的反应。

● 拍摄"近景"：着重表现人物的面部表情，传达人物的内心世界。如学生回答问题、朗读、做作业、做实验；老师讲课、写板书、做演示实验等。

● 拍摄"特写"：是对事物细小部位的放大，给人以较强烈的视觉冲击。如板书内容、实验现象、师生的面部表情和神态等。

2. 镜头运动摄像

在一个镜头中通过移动摄影机机位，或者变动镜头光轴，或者变化镜头焦距所进行的拍摄称为运动摄像。通过这种方式所拍到的画面称为运动画面。运动摄像分为：推摄、拉摄、摇摄、移摄、跟摄等镜头运动摄像方式。拍摄时只有恰当地运用镜头，才能达到好的拍摄效果。

- "推摄"镜头运动：推摄是通过变焦使画面的取景范围由大变小、逐渐向被摄主体靠近的一种拍摄方法，如用于引导观察板书、挂图、投影、人物表情或动作以及实验现象等。

- "拉摄"镜头运动：拉摄是通过变焦使画面的取景范围和表现空间由小到大、由近变远的一种拍摄方法。如拍摄学生专注的眼神，再慢慢拉开停在学生专心做实验的近景；又如拍摄老师，再慢慢拉开拍摄老师与学生交谈的全景。

- "摇摄"镜头运动：遥摄是指摄像机机位不动，借助于三脚架上的活动底盘或拍摄者自身的人体，变动摄像机光学镜头轴线的拍摄方法。摇镜头犹如人们转动头部环顾四周或将视线由一点移向另一点的视觉效果。

- "移摄"镜头运动：移摄主要分两种拍摄方式，一种是将摄像机架在可移动物体（如装有滑轮的三脚架）上并随之运动而进行的拍摄；另一种是摄像者肩扛摄像机，通过人体的运动进行拍摄。

- "跟摄"镜头运动：跟摄是指画面始终跟随一个运动的主体（老师或学生等），并且要求这个被摄对象在画框中处于一个相对稳定的位置，如拍摄老师在课堂上巡视、学生互动表演等。

3. 镜头的组接

镜头组接就是将拍摄的画面有逻辑、有构思、有意识、有创意和有规律地连贯在一起，形成镜头组接。在多机位摄像机拍摄时，专业拍摄经常将许多镜头合乎逻辑地、有节奏地组接在一起，从而阐释或叙述教学重难点内容。

- "连接"镜头组接：相连的两个或者两个以上的一系列镜头表现同一主体的动作。

- "队列"镜头组接：相连组接不是同一主体的镜头，由于主体的变化，下一个镜头主体的出现，观众会联想上下画面的关系，起到呼应、对比、隐喻烘托的作用这往往能够创造性地揭示出一种新的含义。

- "两级"镜头组接：是从特写镜头直接切换到全景镜头或者从全景镜头直接切换到特写镜头的组接方式。这种方法能使情节的发展在动中转静或者在静中变动，节奏上形成突如其来的变化，给观众极强的直感，从而产生特殊的视觉和心理效果。

- "特写"镜头组接：上个镜头以某一人物的局部画面（如头或眼睛）或某个物件的特写画面结束，接下来的镜头从这一特写画面开始，逐渐扩大视野。

4. 选择机位

微课教学录像课可采用单机位拍摄、双机位拍摄和多机位拍摄。为了拍摄出不抖动的画面，可以采用三脚支架固定摄像机，将三脚支架固定在三脚滑轮上，还可以进行移动拍摄，如图5-98所示。

图5-98　机位与摄像机支架

- 单机位拍摄：要分别兼顾教师和学生的活动，对拍摄者的要求比较高，景别单调，对师生互动表现不明显，拍摄起来难度大，后期合成效果差。优点是如果拍摄顺利，可不必进行后期视频编辑。

- 双机位拍摄：由于多一个机位，可以一个主拍教师，一个主拍学生，拍摄效果较好，可实现师生镜头画面的合理切换。

- 三机位拍摄：前后各一机位固定拍摄，分别拍摄学生听课画面和教师讲课画面，类似双机位拍摄法。第三台机器采用移动拍摄法，拍摄教学过程中的一些特殊的画面，如教师的神态、学生讨论的精彩画面、多媒体课件等特定画面。

5. 处理光线

在教室里，为了有较好的投影效果，常常用窗帘将窗户遮严，将投影屏幕前的灯光关掉，只靠远离投影屏幕的灯光和显示器本身的亮度照明。这样，整个教室光线较暗，光线色温也不正常。解决这一问题的方法主要有以下4种。

- 把计算机信号直接接入切换台：教室中投影内容大多是教师用计算机输出的信号。我们可以使用带视频输出的显卡或其他转换器，实现计算机信号直接接入切换台。为保证过渡自然，可采用淡入、淡出、混合等特技进行切换。

- 后期补拍和编辑：在第一次拍摄时，以教师面部的曝光要求为基准进行曝光，多机位进行切换实录。随后对有投影出现的细节补拍，用插入编辑的方法进行修改。同样要选好编辑点，使过渡自然、顺畅。

- 区域布光法：对教师活动较为频繁的区域给予较强的布光，而对投影区给予较暗的布光或不布光。最好使用聚光灯，而不要用散光灯，以避免影响投影区域的光线。有条件的可以使用追光。

- 改善投影仪质量：在经济条件允许的情况下，尽可能地选用高亮度、高分辨率的投影仪，这样就可以在较亮的环境下拍摄，从根本上解决教师曝光不足和投影内容曝光过度的矛盾。

对于初学者来说，使用摄像机拍摄微课是一个熟能生巧的过程，只能通过多次微课课例的拍摄，才能体会景别应用、镜头运动与组接、机位选择和光线的处理等技巧。

第 6 章

了解多媒体教学环境

多媒体教学环境是指为了实现教师多媒体教学所需要的硬件、软件环境。其中硬件环境包括多媒体课件制作设备和多媒体教学设备，如投影机、实物展台、触控一体机、电子白板、计算机、音响、中控设备和影碟机等。软件环境包括多媒体教学资源和教学管理系统等。

本章通过实例，介绍多媒体教学环境中硬件设备的使用和维护。

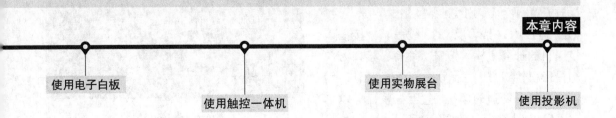

6.1 使用投影机

投影机，又称投影机，是多媒体课堂教学中最常用的电教设备，它可以与计算机、笔记本电脑、实物展台、影碟机等相互连接，投射视频信号，开展多媒体课堂教学活动。

6.1.1 连接投影机

投影机的连接并不复杂，使用专用连接线先将播放设备的视频输出连接，再在投影机机身对应端口将连接线的另一端连接即可。对于只有HDMI接口的笔记本电脑，不能与老式投影机直接连接，需要增加转接口。

实例1 硬件连接

计算机与投影机连接最为常用。一般情况下连接前需要准备好一根VGA线，计算机通过VGA线与投影机相连如图6-1所示。

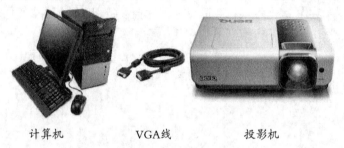

计算机　　　　　VGA线　　　　　投影机

图6-1　VGA线连接示意图

对于只有HDMI接口的笔记本电脑，不能直接与没有HDMI接口的投影机相连，若要二者连接，需在笔记本电脑上连接HDMI转VGA转接线，然后通过VGA线与投影机相连，如图6-2所示。

计算机　VGA转接线　VGA线　　　　　投影机

图6-2　HDMI转接线连接示意图

✏️ 跟我学

01 准备工作　连接投影机前，要先将视频播放设备和视频专用线准备就绪。

02 连接VGA线　将VGA线一端直接插入投影机的计算机输入接口（注意：接口方向与投影机接口方向一致），然后顺时针旋转VGA线插头两边的螺丝，直至拧紧，把VGA线固定在投影机上，如图6-3所示。

①插入　②拧紧

图6-3　连接VGA线

实例2 屏幕切换

笔记本电脑连接投影机后，多数情况需要在笔记本电脑上进行屏幕切换后才能投射画面。一般情况在笔记本电脑上同时按Fn+F4组合键，就能将画面投射到屏幕上，不同笔记本电脑切换方式不同，具体如表6-1所示。

表6-1　笔记本电脑连接投影机后的屏幕切换方式

笔记本电脑型号	切换按键
一般型号	Fn+F4
Gateway、NEC、Panasonic	Fn+F3
Toshiba、Sharp	Fn+F5
IBM、Hitachi	Fn+F7
Dell	Fn+F8
Fujitsu	Fn+F10

知识窗

1. 投影机接口

投影机机身有很多接口，对于多媒体课堂教学，教师只要掌握部分接口的形态和功能即可，如图6-4所示。

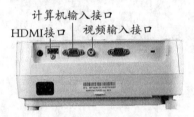

图6-4　投影机接口

提示

不同品牌、不同型号的投影机接口类型、数量和位置各不相同，在连接投影机时，应注意区分线材接口类型，选择适当的接口连接。

2. 视频线材

目前，大多数用于连接投影机进行视频传输的线材有3种，如图6-5所示。在与投影机相连时，要选择相应的接口进行连接。

　AV线　　　VGA线　　HDMI线

图6-5　投影机接口

3. 投影切换

当投影机同时连接多个设备时，如既连接计算机，又连接实物展台，还连接了DVD影碟机，要想获取不同设备的投射画面时，需要按"信号源"按键进行切换，如图6-6所示。

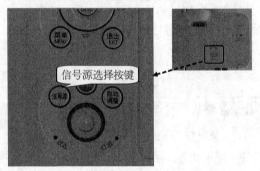

图6-6　选择信号源

提示

通过投影机遥控器也可以选择信号源，不同遥控器切换的方法也各不相同。

6.1.2　调试投影机

投影机与计算机或笔记本电脑连接后，还需要进行一些调试，才能呈现最好的屏幕效果。作为一线教师，掌握一些投影机的功能调试操作十分必要。

实例3 启动投影机

投影机可以通过以下两种方法启动，一种是直接按投影机机身上的"Power"按钮启动，另一种是按投影机遥控器上的"Power"按钮启动，如图6-7所示。

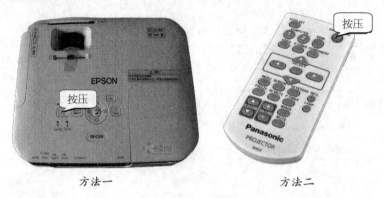

方法一   方法二

图6-7 启动投影机

实例4 调整焦距

投影机焦距的大小影响投射画面的清晰度，投影机焦距的调整只能通过投影机机身进行调节，按图6-8所示顺时针或逆时针方向旋转投影机镜头上的旋钮，调整投影机焦距，直到投射画面清晰为止。

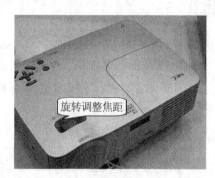

图6-8 调整焦距

实例5 校正投影机

投影机由于吊挂或摆放位置等原因，投射画面会产生上下或左右不均等情况，影响使用效果，通过投影机机身按键或遥控器可以校正投影机投射画面，使投射画面达到满意效果，如图6-9所示。

调整前   调整后

图6-9 投影机校正前后的对比

✏️ 跟我学

01 选择校正窗口 按投影机机身上的"MENU"按键或遥控器上的"MENU"按键，显示投影机设置菜单，按图6-10所示的操作，选择"梯形校正"窗口。

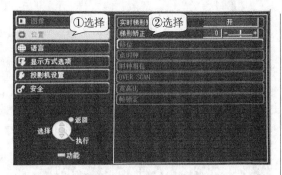

图6-10 认识校正窗口

02 设置梯形校正 选择遥控器或投影机机身左右调节按键，如图6-11所示，增大或减少梯形角度，投射画面效果最好时停止调试，即可完成梯形校正。

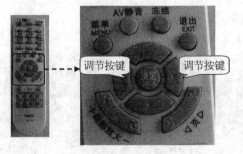

图6-11 设置梯形校正

03 完成设置 按"决定"按键，完成对投影机校正。经过校正，投射画面明显得到改善，如图6-12所示。

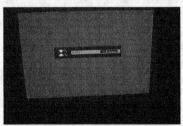

调整前

调整后

图6-12 梯形校正前后投射画面对比

6.1.3 维护投影机

投影机在使用的过程中会产生大量的热量，错误的关机会导致这些热量存留在投影机机身里，使投影机元器件加速老化或损坏，同时，在投影机长期的使用过程中，灰尘也会影响投影机使用寿命，日常维护和定期保养可以防止投影机机身元器件过早老化或损坏。

实例6 正确关机

"关机"按键只是将投影机灯泡电源关闭，投影机的风扇仍然在工作，以把投影机灯泡产生的大量余热排出机身，减少工作时产生的余热对机身元器件的老化和损坏。正确的关机步骤如图6-13所示，等待状态指示灯灭后方可切断电源。

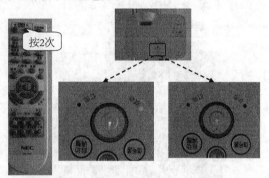

按2次

图6-13 正确关机

提示

状态指示灯亮，表示正在关机；状态指示灯灭，表示关机完成。

实例7 清洁镜头

清洁投影机镜头时要先用吹气球将镜头上的颗粒灰尘吹掉，再用图6-14所示的擦镜布粘酒精后轻轻擦拭镜头，直至镜头干净。

吹气球 　　　 擦镜布

图6-14 吹气球和擦镜布

实例8 清洁过滤网

拔出投影机机身后面或侧面的过滤网，用毛刷、吸尘器或吹风机将过滤网上的灰尘清理干净，再将过虑网安上即可。不同品牌、型号的投影机的过滤网位置各不相同，仔细观察投影机，一般情况下过滤网位于投影机后面、侧面或灯泡附近。

跟我学

01 卸载过滤网 在投影机机身找到过滤网的位置，按图6-15所示的操作，卸载过滤网。

图6-15 卸载过滤网

02 取下海绵 按图6-16所示的操作，取下过滤网上的海绵。

图6-16 取下海绵

03 清洁海绵 用刷子、吸尘器或吹风机清洁海绵，如图6-17所示。

图6-17 清洁海绵

04 清洁过滤网架 用水清洗过滤网架，如图6-18所示。

图6-18 清洗过滤网架

05 完成清洁 待过滤网晾干后，按"安装海绵"→"安装过滤网"的操作步骤将过滤网安装到投影机上，完成过滤网的清洁工作。

知识窗

1. 投影机常见问题和处理方法

在使用投影机的过程中，总会出现一些意想不到的问题，影响广大一线教师使用，表6-2列出了摄影机使用过程中常见的问题及解决办法。

表6-2 投影机常见问题和处理方法

问 题	解决方法
1. 投影机连接计算机后无反应，且计算机和投影机都正常工作	1. 检查VGA线是否存在问题，更换VGA线 2. 按计算机或投影机功能键进行屏幕切换
2. 投影图像有重影	1. VGA线存在问题，更换VGA线 2. VGA线过长，增加VGA放大器
3. 投影画面不稳定	1. 检查接线地线是否连接，更换插座 2. 送维修中心检查机器
4. 投影画面偏色	1. 检查VGA线接线头是否松动，重新连接VGA线 2. 送维修中心检查机器
5. 机器正常启动，无光线投射	检查灯泡，更换新灯泡
6. 投影机灯泡指示灯闪烁	1. 除尘 2. 散热不良，检查过滤网 3. 灯泡寿命已到，更换新灯泡
7. 投射画面暗淡	1. 更换灯泡 2. 清洗投影机整机
8. 投射画面出现斑点等	1. 清洁投影机镜头 2. 送维修中心整机清洁
9. 只投射计算机部分屏幕内容	将计算机分辨率调低，与投影机最大投射分辨率一致
10. 投射过程中突然无光线投射，一会又正常投射	散热不及导致投影机自我保护，清洗过滤网和通风口

2. 部分投影机计时器清零方法

投影机内置计时器，使用时间达到一定时数后，开机显示计时提醒，要求清洁过滤网、更换灯泡等。按要求完成投影任务后，还需要将计时器清零，否则提醒仍然显示，表6-3列出了部分投影机计时器的清零方法。

表6-3 部分投影机计时器清零方法

投影机类型	计时器清零方法
NEC（日电）	在待机情况下，按遥控器OFF键20秒左右；部分系列投影机，在待机状态下，按遥控器的HELP键10秒钟即可
Sony（索尼）	按住RESES键不放，同时按左+键和右+键，再按确定，用遥控器按键也可以操作
Plus（普乐士）	在1100个小时内只要按遥控器上的ON键8秒左右即可；使用1100小时后，无法开机时，直接按遥控器上的ON键25秒左右
三菱	在待机状态下，同时按POWER左键和右键、电源即可
Luxeon（丽讯）	一般是在菜单里清除，部分机型还有操作提示
Ask（美投神）	一般是在菜单里清除，选择重设灯泡时间，再按YES键即可
Sharp（夏普）	在待机状态下，同时按住-、+、AUTOSYNC三个键，然后开机
CTX投影机	在菜单里选择"重设灯泡"选项即可。另外，菜单里还有一个"关闭灯泡警讯"选项，将此项设置为OFF（关）
Philips（飞利浦）	在开机过程中，菜单中选择灯泡时间栏，按投影机上的OK键3秒
Hitachi（日立）	在开机过程中，按RESET键3秒，出现时间对话，选择0即可

6.2 使用实物展台

实物展台是多媒体教学不可或缺的电教设备之一，它与投影机连接后，可以将资料、实物等投射到屏幕上，展示给全班学生。一般实物展示台包括摄像头、光源和展示台面，便携式实物展台则没有展示台面。

6.2.1 设置实物展台

实物展台需要通过设置才能投射出较高质量的画面，特别是USB接口的展台，不仅需要连接计算机、投影机，还需要专业软件辅助才能投射画面。

实例9 硬件连接

实物展台通过VGA线或AV线与投影机直接相连，在多媒体教室里实物展台并不单独存在，它一般与多媒体中控相连，通过多媒体中控实现计算机屏幕与实物展台的切换，如图6-19所示。

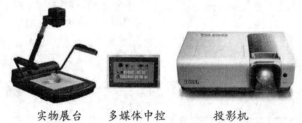

实物展台　　　多媒体中控　　　投影机

图6-19　VGA线（AV线）实物展台连接

USB类型的展台则与计算机或中控的USB接口直接相连，如图6-20所示。

实物展台　　计算机　　　投影机

图6-20　USB实物展台连接

实例10 选择分辨率

通过VGA线或AV线与投影机直接连接的实物展台不需要选择分辨率，但USB接口类型的实物展台，因为通过计算机软件显示，需要选择分辨率。但若选择的分辨率过高，则无法显示图像；若选择的分辨率过低，显示的图像又不够清楚。只有选择了合适的分辨率，图像才能正常显示，如图6-21所示。

分辨率过高　　　分辨率过低　　　分辨率合适

图6-21　不同分辨率的显示效果比较

01 连接实物展台 首先将USB接口一端插入实物展台另一端插入计算机或多媒体中控USB接口。

02 认识软件界面 单击 ⬛开始 按钮，选择"程序"→"实物展台"命令，打开实物展台软件，软件界面如图6-22所示。

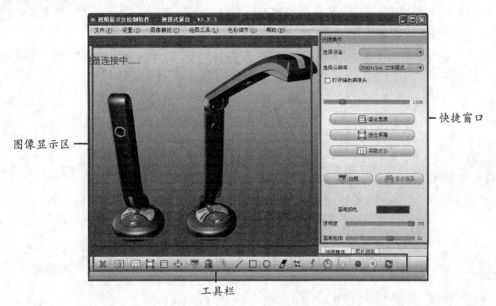

图6-22 软件界面

03 设置分辨率 按图6-23所示的操作，设置实物展台分辨率。

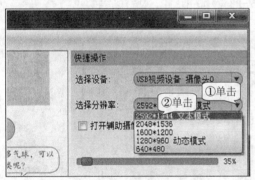

图6-23 设置分辨率

实例11 设置图像大小

与投影机直接连接的实物展台，一般可以通过实物展台台面上的控制按键调整图像的大小。USB接口的实物展台可通过软件操作实现图像大小的设置，图6-24(a)所示为图像的实际效果（无缩放），图6-24(b)所示为图像的放大效果。

（a）实际效果

（b）放大效果

图6-24 设置图像大小

✎ 跟我学

01 摆放展示物品　将要展示的实物摆放在实物展台投射范围内，调整好实物位置，如图6-25所示。

图6-25　摆放展示物品

02 调整图像大小　按图6-26所示的操作，调整图像大小和位置。

图6-26　调整图像大小

6.2.2　使用实物展台

实物展台展示的图像通过相关软件，可以实现画笔、绘图、拍照、录像等功能，了解这些功能可以充分发挥实物投影在课堂教学中的作用。

实例12　使用画笔工具

实物展台软件中的画笔工具与一般画图软件中的画笔工具相当，在课堂教学过程中，

教师运用画笔工具对实物展台展示画面进行操作，能更直观反映教学活动，效果如图6-27所示。

图6-27　使用画笔工具

教师使用不同颜色的画笔工具，标注课本中不同形状的汽球数量，直观展示了教学过程，让学生更易于学习课本知识。

✎ 跟我学

01 设置画笔颜色　打开实物展台，将课本摆放好后，调整课本大小和显示位置，按图6-28所示的操作，设置画笔颜色。

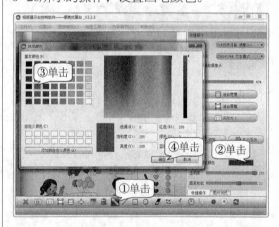

图6-28　设置画笔颜色

📍 提示

画笔工具不仅可以设置颜色，还可以设置画笔的粗细。

02 使用画笔　根据教学需要，使用画笔工具。

实例13 使用矩形工具

实物展台软件还有一些其他绘图工具，如矩形工具，与画图软件中的绘图工具一样，选定矩形工具即可操作。在实际教学过程中，根据教学需要选择适当绘图工具辅助教学，使用橡皮工具可以擦除绘制的图形。

✐ 跟我学

01 选择矩形工具 打开实物展台，将课本摆放好后，调整课本大小和显示位置，按图6-29所示的操作，选择矩形工具。

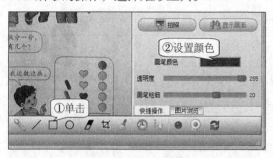

图6-29 选择矩形工具

02 使用矩形工具 根据教学需要按如图6-30所示的操作，使用矩形工具绘制矩形。

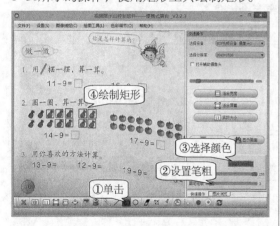

图6-30 使用矩形工具

实例14 使用拍照功能

实物展台展示对象的晃动或移动，会使投射画面模糊或改变位置，使用软件中的拍照功能可以将画面停留在某一时刻，方便教师进行教学活动。

✐ 跟我学

01 拍摄图片 打开实物展台，将课本摆放好后，调整课本大小和显示位置，按图6-31所示的操作，拍摄图片。

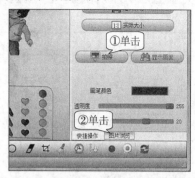

图6-31 拍摄图片

02 删除图片 按图6-32所示的操作，删除拍摄的图片。

图6-32 删除图片

03 切换窗口 选定图片后还要将窗口切换到编辑窗口，教师根据教学需要编辑图片，开展教学活动，按图6-33所示的操作将"图片浏览"窗口切换至"快捷操作"。

图6-33 选定图片

1. 实物展台的常见故障及处理方法

在使用实物展台的过程中，总会出现一些意想不到的问题，影响着广大一线教师的使用，表6-4列出在使用投影机的过程中常出现的问题及其解决办法。

表6-4　实物展台常见问题和解决方法

问　题	解决方法
打开电源后灯不亮，无图像	检查电源插座开关是否已开，插座是否接触良好
打开电源后，灯能亮，但无图像或图像不稳定	检查视频线的接法是否正确，视频线的接线端口是否已磨损、掉落
图像显示，但其他按键都不起作用，移动展示物图像仍不动	图像处于冻结状态，再按一次图像冻结键
图像同屏对比显示，按视频切换键不起作用，展示物图像仍处于分割状态	图像处于同屏对比状态，再按一次同屏对比键
当切换到某路视频时，声音有串音	展台此时可能处于手动聚焦状态；按一下聚焦钮，转到自动聚焦即可。也可能是由于环境湿度太大造成摄像镜头"起雾"，应采取措施降低环境湿度。当自动聚焦不清时，可查看近摄镜有否沾有灰尘，如有灰尘请用专用擦镜纸轻轻擦拭干净

2. 实物展台的保养

实物展台属于高精密度电教产设备，损坏后一般不易维修，在使用过程中要求教师应多加注意实物展台的保养，表6-5列出了实物展台保养的基础知识。

表6-5　实物展台的保养

序　号	保养内容
1	不要在高温或潮湿的环境中使用及存放
2	应避免冲击和震动，严禁拆卸
3	擦拭机体时，不要用强烈的清洗剂要用软布擦拭，当污垢不易清除时，用专门清洗剂擦拭
4	当镜头上有灰尘时，用镜头纸、鹿皮或沾有清洗剂的药棉轻轻擦拭
5	不要在展示台上放置重物
6	长期不用时，拔掉电源插头，收好放至专用橱内保存

6.3　使用触控一体机

触控一体机（见图6-34）集成了电视和计算机的功能，电视屏幕相当于显示器，教师触摸电视屏幕就可以操作触控一体机。用于班级教学触控一体机的操作系统一般为Windows系统，使用方便，具有很强的交互性，适用于多媒体教学。

图6-34　触控一体机

6.3.1　设置触控一体机

初次使用触控一体机时需要对电视进行系统设置，根据教师使用习惯设置触控的灵敏度，当遇到操作位置发生偏差时还要重新校准触控一体机。

实例15　校准

操作触控一体机时，如果触摸位置与屏幕实际位置发生偏差，要对触控一体机进行校准，以确保触摸位置与显示位置一致，效果如图6-35所示。

图6-35　校准触控一体机

跟我学

01　打开电视　检查电视电源是否连接，打开电视开关，启动触控一体机的计算机，等待触控一体机启动，待显示Windows桌面时才完成启动。

02　触摸测试　启动触控一体机后，在实施课堂教学前还要进行触摸测试，提高课堂教学效率，按图6-36所示的位置区域触摸电视，检查触摸位置是否与屏幕实际位置一致。

图6-36　触摸测试

03　启动校准　发现触摸位置与屏幕实际位置不一致时，应当启动校准程序，点击 开始 按钮，按图6-37所示的操作，校准屏幕。

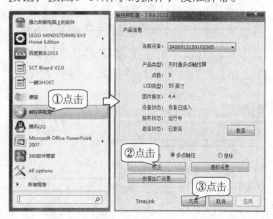

图6-37　启动校准

171

实例16 设置灵敏度

教师在使用触控一体机进行课堂教学前，应先尝试操作触控一体机，当发现触控不及或触控延时等情况时，应调整触摸灵敏度的设置，达到最佳触摸效果。

跟我学

01 启动设置 发现触控不及或触控延时等情况时，应启动"触控屏配置"程序，按图6-38所示的操作，完成"高级设置"窗口的设置。

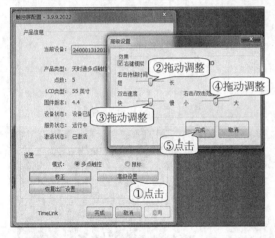

图6-38 设置"高级设置"

02 完成设置 完成灵敏度参数设置后，返回操作触控一体机，测试触摸效果，调试触控一体机，完成设置。

6.3.2 操作触控一体机

触控一体机是多媒体教学的主要设备，教师掌握触控一体机的操作技能很有必要，触控一体机虽具有计算机功能，但在具体操作上还是有别于台式计算机或笔记本电脑。

实例17 文件操作

教师掌握触控一体机的基础操作十分重要，文件的分类与整理工作尤其重要，在日常教学工作过程中，将已经使用的课件、讲义、资料等有规律地存放在触控一体机里，便于日后复习或需要时快速调用。

跟我学

01 打开文件 启动触控一体机后，按图6-39所示的操作，打开"计算机"窗口。

图6-39 打开文件

02 新建文件夹 打开"D盘"，按图6-40所示的操作，新建文件夹。

图6-40 新建文件夹

03 正确关机 触控一体机的关机有一定的操作顺序，违反顺序关机将会损坏触控一体机，按图6-41所示的操作关闭计算机，再关闭电视机电源。

图6-41 关闭计算机

实例18 软件操作

教师在日常多媒体教学过程中，以应用多媒体课件教学较为普遍，掌握触控一体机软件操作技能也十分必要。

跟我学

01 运行课件 启动触控一体机后，按图6-42所示的操作，打开教学课件。

图6-42 运行课件

02 播放课件 按图6-43所示的操作，播放课件。

图6-43 播放课件

03 保存课件 课件的保存有利于复习等工作的开展，按图6-44所示的操作，另存课件至指定文件夹。

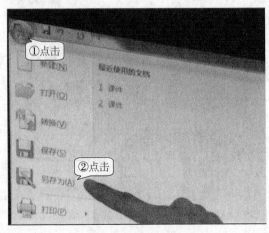

图6-44 保存课件

6.3.3 维护触控一体机

经常维护触控一体机，可以提高触控一体机的使用寿命。触控一体机的维护分为软件维护和硬件维护。在软件维护上要做到及时清理系统垃圾、更新系统和防毒杀毒，在硬件维护上主要做好防尘工作，保护电视机清洁。

实例19 软件维护

触控一体机的系统和软件都要定期进行升级和维护，特别是系统漏洞的修补、安全软件查毒、系统垃圾清理、相关软件的升级等，软件维护的好与差，直接影响日常教学活动的开展。

跟我学

01 系统漏洞修补 Windows操作系统系统更新频繁，按图6-45所示的操作，给操作系统修补漏洞，提高系统安全性。

图6-45 系统漏洞修补

02 安全软件杀毒 定期检查系统的病毒能大大减少系统被病毒的侵害，运行360杀毒软件，按图6-46所示的操作，对触控一体机进行全盘查杀病毒。

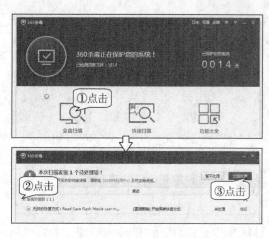

图6-46　安全软件杀毒

03 系统垃圾清理　系统每运行一段时间就会产生大量垃圾文件，按图6-47所示的操作，清理系统垃圾，提高系统运行效率。

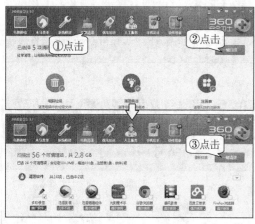

图6-47　系统垃圾清理

04 相关软件升级　系统软件需要及时更新，保证系统效率最大化，按图6-48所示的操作，为软件升级。

图6-48　软件升级

实例20　保养触控一体机

触控一体机要经常保养，每当发现触控一体机面板有灰尘或异物时，就应及时清理，保持触控面板的清洁。尽量使用如图6-49所示的专业清洁工具进行面板的清洁。

擦镜布　　　　　　　清洁液

图6-49　擦镜布和清洁液

📍 提示

市场上适用于电视机、液晶显示器等清洁套装产品也适用于触控电视的清洁。

知识窗

1. 多种多样的触控一体机

触控一体机样式万千，功能不一，班级的触控一体机只为教学服务，因此样式比较统一，图6-50展示了服务于各行各业的触控一体机。

图6-50　多种多样的触控一体机

2. 触控一体机常见问题和处理方法

在使用触控一体机的过程中，总会出现一些意想不到的问题，影响着广大一线教师的使用，根据投影机常见问题及解决方法，表6-6列出了触控一体机常见问题及解决办法。

表6-6 触控一体机常见问题和处理方法

问题	解决方法
液晶屏不亮	1. 检查电源指示灯是否亮，如果不亮，检查触控一体机右下角底部开关是否打开，电源线有没有插好或接触不良 2. 指示灯亮的情况下，按遥控器上的"电源"键
计算机没有显示	按遥控器上的计算机键，再按"计算机开关"键
计算机无声音	1. 检查是否已安装计算机声卡驱动 2. 计算机扬声器音量为0，拖动音量滑块增大音量 3. 检查计算机各音频切换，是否有静音状态
计算机不能上网	1. 检查网卡驱动是否装好 2. 检查网线是否连接好（连接网线的网卡接口指示灯是否亮）
计算机液晶屏显示不对称	按遥控器［菜单］键，进入系统菜单找到"自动调整"功能或"复位"功能按"确认"键
遥控器不能遥控	1. 检查遥控器电池 2. 检查遥控接收器（机器前面板指示灯处）是否有物体挡住

6.4 使用电子白板

电子白板是交互式多媒体教室中重要的物品之一，教师通过触笔操作白板，实现课堂教学互动。

6.4.1 设置电子白板

初次使用电子白板时，需要对电子白板进行相应的设置，例如安装电子白板软件、定位等。当触笔触碰位置与显示实际位置不符时，也要对电子白板进行重新设置。

实例21 连接电子白板

将电子白板的USB接口插入电视的USB接口，即可完成了电子白板的硬件连接，要使用电子白板，还要安装电子白板软件。

🚀 跟我学

01 连接硬件 将电子白板的数据线与计算机的USB接口相连，如图6-51所示，完成计算机与电子白板的硬件连接。

02 安装软件 将电子白板光盘放入光驱，运行安装文件，按图6-52所示的操作，安装驱动程序。

图6-51 连接硬件

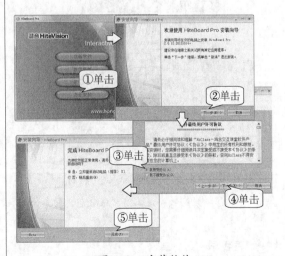

图6-52 安装软件

03 完成安装 连接硬件并安装软件完成后，检查如图6-53所示的系统图标，查看软件是否正确安装完成。

图6-53 完成安装

实例22 定位电子白板

电子白板硬件和软件安装完成后，还不能直接使用触笔操控电子白板，需要给电子白板设置定位，只有触笔触碰位置与显示位置相同时，才能使用电子白板。图6-54（a）所示为触笔位置与实际显示位置不同，图6-54（b）所示为触笔位置与实际位置相同。

（a）触笔位置与实际位置不同

（b）触笔位置与实际位置相同

图6-54 触笔触碰不同显示位置比较

✎ 跟我学

01 运行设置程序 选择"开始"→"程

序"→"电子白板程序"命令，启动电子白板程序，按图6-55所示的操作，运行定位程序。

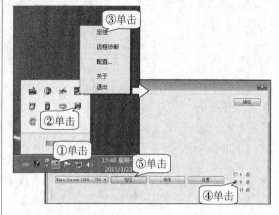

图6-55 运行设置程序

02 定位电子白板 根据电子白板显示的提示，按图6-56所示的操作，触笔点击十字光标中心点，对电子白板进行设置。

图6-56 定位电子白板

03 完成定位 按图6-57所示的操作，保存定位程序，完成对电子白板的定位。

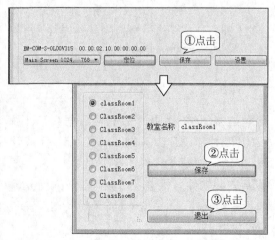

图6-57 完成定位

04　检查定位效果　定位电子白板后，还要检查定位程序是否有效，一般使用触笔随机在电子白板上触碰或划动，检查触笔位置是否与显示位置一致。

6.4.2　使用电子白板

电子白板具有交互性，使用电子白板时，触笔替代了计算机鼠标的功能，运用触笔操控电子白板，更便于开展课堂教学实践活动。

实例23　操作文件

日常使用电子白板时，使用触笔通过电子白板操作计算机。

✎ 跟我学

01　打开资源管理器　使用触笔按图6-58所示的操作，打开资源管理器。

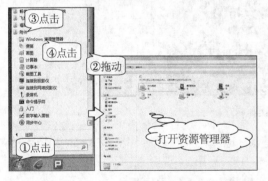

图6-58　打开资源管理器

02　新建文件夹　打开计算机D盘，按图6-59所示的操作，在D盘新建立文件夹。

✎ 跟我学

01　打开课件　打开课件所在位置，按图6-61所示的操作，打开课件。

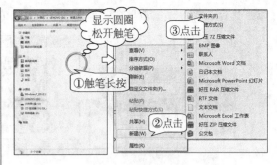

图6-59　新建文件夹

03　复制文件　打开U盘文件位置，按图6-60所示的操作，将U盘里"课件"文件复制到D盘"教师"文件夹里。

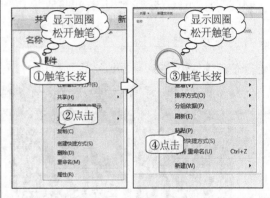

图6-60　复制文件

04　删除文件　使用与图6-60同样的方式，使用触笔点击"删除"命令，将U盘中的"课件"文件删除。

实例24　运行课件

在电子白板中运行课件，使用触笔操控课件，同时配合画笔、橡皮等工具，使课堂教学具有交互性，让课堂更生动、实用。

图6-61　打开课件

02 **运行课件** 根据教学需要，按图6-62所示的操作，使用触笔工具运行课件。

图6-62 运行课件

实例25 **使用快捷键**

电子白板板面两侧有快捷键，使用触笔点击快捷工具，可以快速启用对应的工具，既方便了教师的教学，又节约了调用工具的时间，大大提高了课堂教学效率。

✎ 跟我学

01 **使用课件快捷键** 按图6-63所示的操作，快速启动电子白板软件程序，添加新页面。

图6-63 使用课件快捷键

02 **使用画笔快捷键** 课堂教学中，教师有时需要标记课件中的重要内容，按图6-64所示的操作，使用画笔快捷键标记课件内容。

图6-64 使用画笔快捷键

03 **使用翻页快捷键** 课堂教学中，教师需要使用上一页或下一页课件时，按图6-65所示的操作，使用翻页快捷键操控课件。

上一页　　　　　　　　　　　　　下一页

图6-65　选定图片

04 **结束课件**　完成教学任务后，使用快捷栏中的"结束"快捷键，结束课件运行。

6.4.3　维护电子白板

电子白板使用一段时间后要对其板面、触笔进行维护，以保持电子白板板面清洁，保证触笔笔头完好，触笔电池电量充足等，这样可以大大提高电子白板的使用寿命和使用流畅。

实例26　**维护白板**

电子白板板面最易粘染粉笔灰尘，如果这些灰尘不及时清理，在使用电子白板的过程中，容易使触笔粘染灰尘，加速笔尖磨损，有时还会因为颗粒灰尘刮伤电子白板板面。根据电子白板使用率维护板面，时间由每天一次至每周一次不等，最长不宜超过1个月。

✐ 跟我学

01 **清洁白板板面**　使用干净的棉布或清洁灰尘工具，轻轻擦拭电子白板板面，将灰尘清理干净。

02 **清洁黑板槽**　黑板槽里积累的粉笔灰和粉笔头也要及时清理，图6-66（a）所示的黑板槽里存在粉笔灰，影响电子白板使用；图6-65（b）所示的黑板槽里无粉笔灰。

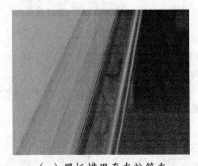

（a）黑板槽里存在粉笔灰　　　　（b）黑板槽里无粉笔灰

图6-66　黑板槽有无粉笔灰比较

实例27　**维护触笔**

电子白板的触笔需要定期维护，触笔内的电池要定期更换，触笔笔尖因经常书写，笔尖磨损较大，当发现触笔笔尖磨损过大而影响书写时，应及时更换笔尖。

✎ 跟我学

01 更换电池 触笔的电池使用一段时间后，因电量损耗需要更换，可按图6-67所示的操作更换电池。

②取出旧电池
①打开笔帽
③换上新电池

图6-67　更换电池

02 更换笔尖 若触笔笔尖磨损，应及时更换，否则影响使用效果，容易划伤白板板面，可按图6-68所示的操作更换笔尖。

①打开笔头
②取出笔尖
③更换新笔尖

图6-68　更换笔尖

知识窗

1. 电子白板的常见故障及处理方法

在使用电子白板的过程中，总会出现一些意想不到的问题，影响使用，表6-7中列出了电子白板常见问题及解决办法。

表6-7　电子白板常见问题和解决方法

问题状态	解决方法
点击白板板面有反应，但无法正常操作	重新定位。如果白板有一大块区域无法书写，出现跳笔现象，但是其他地方又很正常，这种现象是定位操作时跳过了某个点。请重新准确定位
点击白板板面无反应	1. 检查电子白板与计算机是否连接 2. 检查电子白板程序是否安装 3. 检查电子白板程序是否启动 4. 更换新触笔测试
触笔在白板板面某一区域断开或跳动	1. 重新启动计算机 2. 白板局部损坏，返厂维修

2. 电子白板的种类

电子白板又称数码白板，种类繁多，是近10年来新兴的电子演示产品。大体可以分为复印式电子白板、交互式电子白板和数码触摸屏3种类型，其各自特点如表6-8所示。

表6-8　电子白板种类

类别	特点
复印式电子白板	不需要计算机和投影机配合使用，可以将书写的内容通过自带的打印机打印，但不具备控计算机的能力
交互式电子白板	投影机将计算机投射到白板上，可以在白板上直接操控计算机，也可以书写并保存等，又分为电磁式、红处线式和压感式
数码触摸屏	采用弱电式数据处理系统，比电子白板的数据处理速度快一倍，不需要专门的书写工具，操作简单易懂

第 7 章

使用学科软件辅助教学

学科工具软件是一类特殊的计算机软件,专门为解决某学科专业领域的某些问题而开发设计的,在教学、教研、课件制作等方面发挥着重要的作用。中学常见的学科软件有中学电路虚拟实验室、化学仿真实验室、使用问卷星辅助评价教学以及思维导图辅助等。

本章通过实例,介绍各种学科软件辅助教学的使用方法。

本章内容

使用仿真实验室辅助理化教学　　　　使用问卷星教学评价　　　　使用思维导图辅助知识归纳

7.1 使用仿真实验室辅助理化（理科）教学

中学常见的理科仿真实验室包括中学物理电路虚拟实验室和仿真化学实验室，它们的共同特点是操作简单自然，效果逼真，近似于真实的实验效果，用户可以完全自由搭建各种实验设施，不存在任何实验成本，并可随意搭建，同时还能培养学生自主探究的精神，给教师的备课、上课提供了丰富的课件资源。

7.1.1 中学电路虚拟实验室

中学电路实验的仿真模拟软件，能像真实实验一样随意连接试验元件和导线，同时能够绘制出各种标准电路图，用于串并联电路以及各种复杂电路的教学和学习，能增强中学生学习的兴趣和效率。

实例1 串联电路实验

本例是利用"中学电路虚拟实验室"软件搭建一个带滑动变阻器的串联灯泡电路，目的是通过图示中变阻器组阻值的改变观察灯泡的明暗程度以及电流表中值的变化，更好地帮助教师理解电路虚拟实验室的功能，辅助学生形象直观地学习物理，效果图7-1所示。

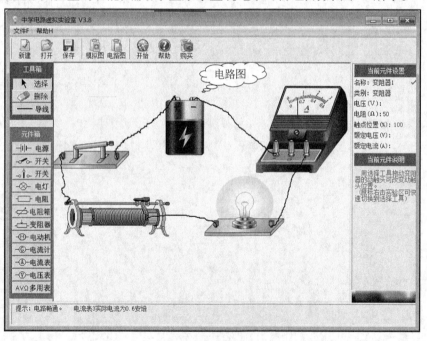

图7-1 串联电路图

打开"中学电路虚实验室"软件，首先将各元件从元件箱中拖动到实验区，然后单击工具箱中的导线进行连接，最后单击选择按钮移动滑片观察灯泡的明暗变化和电流表的指针变化。

 跟我学

01 认识界面 下载并安装"中学电路虚拟实验室"软件，运行后，软件界面如图7-2所示。

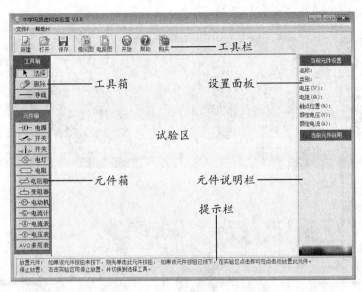

图7-2 中学电路虚拟实验室界面

02 放置元件 单击元件箱中的元件，鼠标指针呈十形状，按图7-3所示的操作，在将要放置元件的地方单击右键。

图7-3 放置元件

03 放置其他元件 重复上述操作，将其他元件放置到相应的位置，效果如图7-4所示。

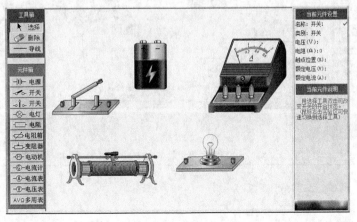

图7-4 放置其他元件

04 **添加导线** 单击工具箱中的"导线"按钮,按图7-5所示的操作,将导线头与接线柱连接。

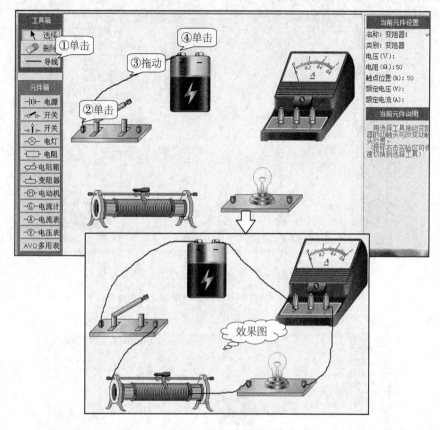

图7-5 添加导线

05 **调试电路** 单击"选择"按钮,按图7-6所示的操作,双击开关图标,电路闭合,移动变阻器滑块,即可观察灯泡的明暗变化及电流表指针读数的变化。

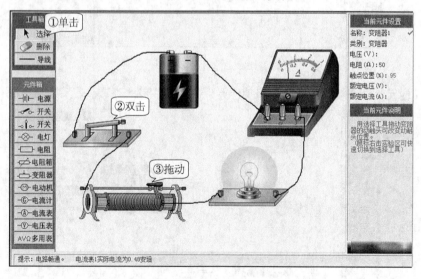

图7-6 调试电路

06 显示电路图 单击"电路图"按钮,如图7-7所示的操作,显示并保存电路图。

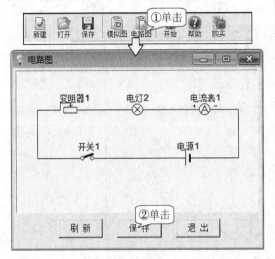

图7-7 显示电路图

1. 修改现有导线颜色

在非画导线状态下,移动鼠标指针到导线颜色条上,鼠标指针自动变为一只小毛刷,小毛刷左下方的毛刷尖是取色点,单击彩条取色后,在实验区某导线上单击,即可改变此导线颜色。

2. 打开以前的实验

单击工具栏中的"打开"按钮,在弹出的"文件浏览"对话框中选择本软件以前保存的电路实验文件(格式为*.aie),单击对话框中的"打开"按钮,即可打开此文件并还原当时的实验。

7.1.2 中学仿真化学实验室

仿真化学实验室在计算机中提供了一个虚拟的化学实验室。试管、烧杯、酒精灯、铁架台、烧瓶、锥形瓶、集气瓶、漏斗、导管等这些真实实验室中的器具,在仿真实验室中也应有尽有。用户可以自由地搭建实验仪器、添加药品,并让它们进行反应。用户可以自由地搭建各种实验设施。

实例2 实验室制取氯气

图7-8所示为高一化学"实验室制取氯气"一节的内容,制作思路是先搭建实验仪器,再在相应容器中添加药品,最后运行实验,观察容器中的化学反应,从而更好地理解本节内容。

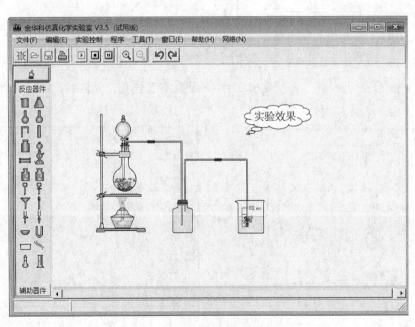

图7-8 "实验室制取氯气"效果图

✎ 跟我学

01 认识界面　下载并安装"金华科仿真化学实验室"软件，运行后，界面如图7-9所示。

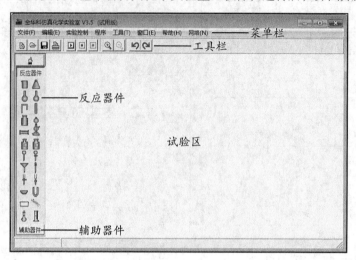

图7-9　"金华科仿真化学实验室"界面

02 搭建铁架台　按图7-10所示的操作，搭建铁架台。

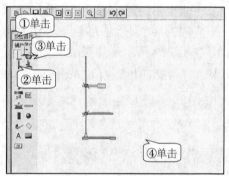

图7-10　搭建铁架台

03 搭建附件　右击铁架台，按如图7-11所示的操作，为铁架台添加附件。

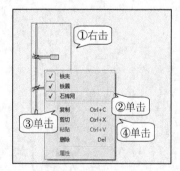

图7-11　搭建附件

04 搭建其他仪器和附件　参照步骤2和步骤

3，搭建其他仪器，效果如图7-12所示。

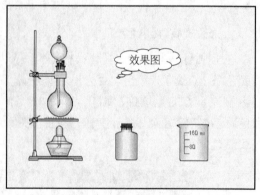

图7-12　搭建其他附件

05 导管连接　按图7-13所示的操作，将导管与圆底烧瓶连接。

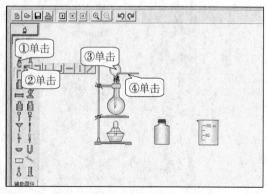

图7-13　导管连接

06 导管互连 参照步骤5，选择不同的导管与其他容器相连，效果如图7-14所示。

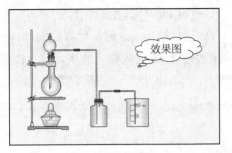

图7-14 导管互连

提示

软件设计导管与导管之间只要接触，即可自动用橡皮管连接，操作非常方便。

07 添加药品 按图7-15所示的操作，向圆底烧瓶中添加药品。

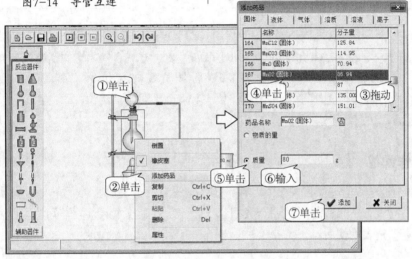

图7-15 添加药品

08 添加其他药品 参照步骤7，分别在分液漏斗中添加12mol/L、40ml的盐酸溶液，在烧杯中添加1mol/L、100ml的NaOH溶液，效果如图7-16所示。

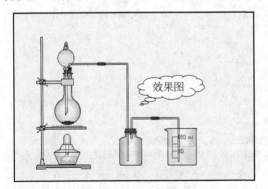

图7-16 添加其他药品

09 运行试验 选择"工具栏"→"运行"命令，按图7-17所示的操作，运行试验。

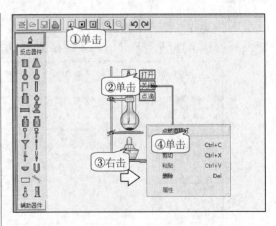

图7-17 运行实验

10 保存试验 单击"工具栏"中的"保存"按钮，保存试验。

1. 编译成可执行文件

选择"文件"→"编译成可执行文件"命令，可以生成可执行文件，这时制作的实验已被保存为脱离此软件而独立运行的文件格式。这种文件格式可以在Windows操作系统上运行，体积小巧，便于传输。

2. 生成网络课件

选择"文件"→"生成网络课件"命令，可生成网络课件，将制作的课件发布到因特网上，分享给其他人。如果学校有校园网，把生成的网络课件用网页格式整理出来，放在校园网上，就可以形成一个高质量的化学教学资源库。

7.2 使用问卷星做教学评价

传统的教学评价方式和内容单一，评价主体、范围狭窄，而且受众面仅限于单个集体，问卷星的使用能解决传统的评价弊端，它以网页等形式呈现，被调查者不分地域，只要打开问卷网页的网址进行填写和提交，计算机就能即刻作出直观（如柱形图、饼状图）的数据分析。在日常教学评价中，常应用于学生的作业评价、教师的课堂教学评价，如学生电子作品的展示评价、教师优质课的教学效果评价。

7.2.1 制作问卷

问卷星的使用流程分为下面几个步骤：①在线设计问卷；②发布问卷并设置属性；③发送问卷；④查看调查结果；⑤下载调查数据。下面就以信息技术课堂教学问卷调查表的设计为例，讲述问卷调查表的使用。

实例3 信息技术课堂教学问卷调查表

本例是通过具体实例利用"问卷星"制作信息技术课堂教学问卷调查表来学习问卷星的使用，制作后的问卷调查分析的效果如图7-18所示。

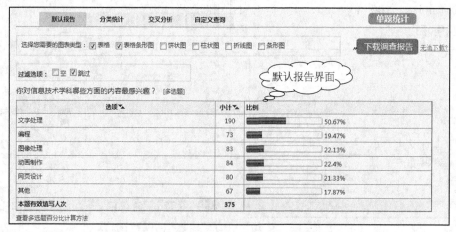

图7-18 问卷调查分析报告效果图

使用"问卷星"制作问卷调查表的方法主要有两种方法：一是自助创建即从空白问卷表开始创建；二是使用问卷模板按照向导一步一步创建。较常用的是第1种方法。

✎ 跟我学

01 打开界面 打开浏览器，按图7-19所示的操作，进入问卷星网站首页。

图7-19 问卷星页面

📍 提示

问卷星网址：www.sojump.com/login.aspx。

02 在线注册 单击"免费注册"按钮后，按图7-20所示的操作，填写基本信息，创建新用户。

图7-20 注册个人信息

03 自助创建 创建用户后，按图7-21所示的操作，自助创建问卷。

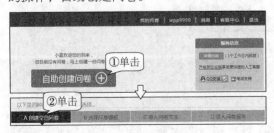

图7-21 自助创建问卷

04 输入标题 选择"创建空白问卷"选项

后，按图7-22所示的操作，输入问卷名称。

图7-22 输入问卷名称

05 确定选项 进入编辑界面后，按图7-23所示的操作，选择创建题型。

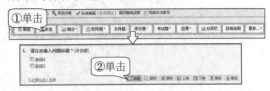

图7-23 选择题型

📍 提示

用户在创建题目类型时，单击"更多"按钮可选择更多题型。

06 创建问题 选择创建空白问卷后，按图7-24所示的操作，输入问卷问题。

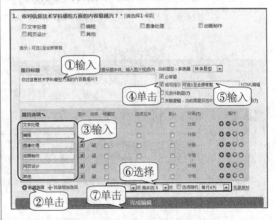

图7-24 设置多选界面

07 完成创建 按照步骤5和步骤6的操作方法，完成其他题目的创建，完成后，单击"完成编辑"按钮并保存本次编辑内容，效果如图7-25所示。

图7-25 完成编辑

08 问卷设置 单击"问卷设置"选项，按图7-26所示的操作，对问卷做常规设置。

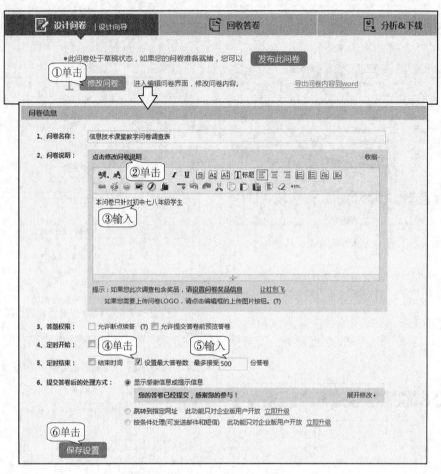

图7-26　常规设置

09 发布问卷 问卷设置好后，按图7-27所示的操作，发布问卷。

图7-27　发布问卷

7.2.2　查看结果

使用"问卷星"制作问卷和发布问卷成功后，就要通过各种形式回收问卷，查看调查结果，并下载调查数据，这样才能起到制作问卷的目地和意义。下面仍以信息技术课堂教学问卷调查表的设计为例，讲述问卷调查表的查看和下载。

跟我学

01 回收问卷　问卷发布成功后，按图7-28所示的操作，回收问卷。

图7-28　回收问卷

提示

　　单击"更多发送方式"链接，还可通过将问卷调查页面发送到个人的QQ空间、微博、QQ群、嵌入网站等形式实现问卷调查的回收。

02 生成报告　问卷回收成功后，按图7-29所示的操作，生成默认报告稿。

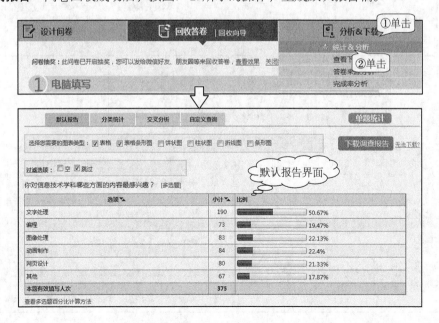

图7-29　生成报告

♀ 提示

还可以通过选择柱状图、饼图、折线图等选项，直观查看报告分析结果。

03 **下载报告** 按图7-30所示的操作，下载默认报告。

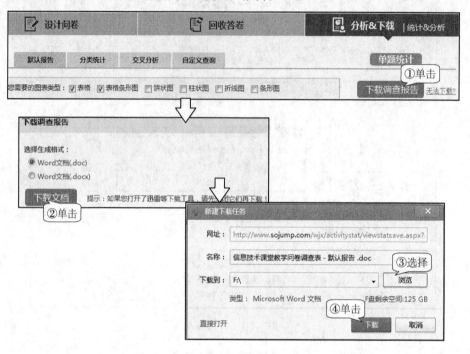

图7-30 下载报告

04 **查询统计** 按图7-31所示的操作，单击分类统计，可查询各选项统计。

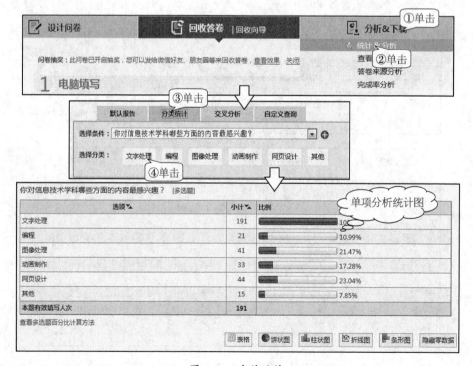

图7-31 查询统计

1. 在线设计问卷

"问卷星"提供了所见即所得的设计问卷界面，支持多种题型以及信息栏和分页栏，并可以在线编辑问卷同时给选项设置分数，同时还提供了数十种专业问卷模板供选择。

2. 发布问卷并设置属性

问卷设计好后可以直接发布并设置相关属性，例如，问卷分类、说明、公开级别、访问密码等。

3. 发送问卷

通过发送邀请邮件，或者用Flash等方式嵌入到公司网站或者通过QQ、微博、邮件等方式将问卷链接发给好友，好友打开链接后即可阅读问卷。

4. 查看调查结果

可以通过柱状图和饼状图查看统计图表，卡片式查看答卷详情，分析答卷来源的时间段、地区和网站。

5. 创建自定义报表

自定义报表中可以设置一系列筛选条件，不仅可以根据答案来做交叉分析和分类统。

6. 下载调查数据

调查完成后，可以将统计图表下载到Word文件中保存并打印，或者将原始数据下载到Excel中并导入SPSS等调查分析软件做进一步的分析。

7.3 使用思维导图辅助知识归纳

思维导图在指导学生复习各科知识点时能使他们在大脑中形成一个完整的知识体系，并对知识进行梳理、归纳、总结。它还能帮助学生增强记忆、理清脉络、提高复习效率，而在教学中也可以使流程设计和整个教学过程更加系统、科学、有效。

7.3.1 创建思维导图

思维导图常被应用在中小学日常教学中，尤其在复习归纳方面，它可以帮助建立完整的知识框架体系，帮助学生对所学知识进行归纳总结，明确知识之间的联系，提高学生的学习能力与思维能力。下面就以小学语文"卢沟桥"课文解读为例，来学习思维导图的使用。

实例4 卢沟桥

图7-32所示为制作完成后的"卢沟桥"思维导图效果图。

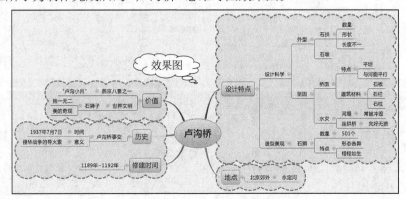

图7-32 "卢沟桥"思维导图效果图

✎ 跟我学

01 运行软件 选择"开始"按钮，选择"所有程序"→"XMind"命令，打开"XMind 2013"软件后选择默认模板，XMind软件的界面如图7-33所示。

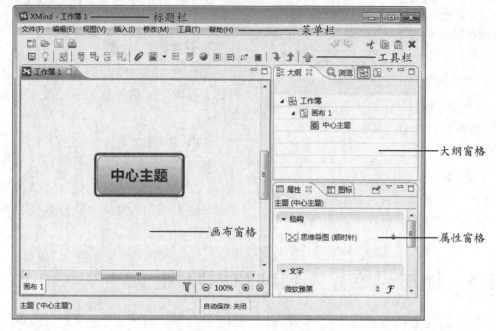

图7-33 认识界面

02 输入中心主题 按图7-34所示的操作，输入主题"卢沟桥"。

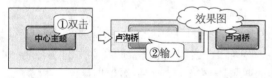

图7-34 输入中心主题

03 插入分支主题 按图7-35所示的操作，插入分支主题并输入内容。

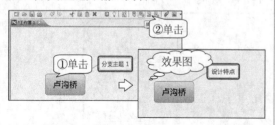

图7-35 插入子主题

04 添加子主题 按图7-36所示的操作，继续添加子主题并输入内容。

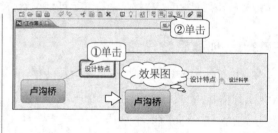

图7-36 添加子主题

05 添加同级子主题 按图7-37所示的操作，添加同级子主题。

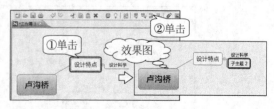

图7-37 添加同级子主题

📍 **提示**

也可通过双击子主题建立同级子主题。

06 输入子主题内容 参照步骤2，输入主题内容"造型美观"，效果如图7-38所示。

图7-38 输入子主题内容

07 添加次级子主题 按图7-39所示的操作，继续添加次级子主题。

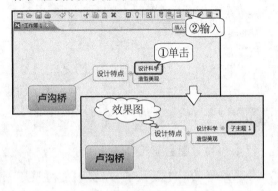

图7-39 添加次级子主题

08 输入次级子主题内容 参照步骤2，输入主题内容"外型"，效果如图7-40所示。

图7-40 输入次级子主题内容

7.3.2 修改思维导图

在创建思维导图的过程中，经常要根据知识点的结构、联系等进行动态调整，这就要求在创建的过程中要即时进行修改完善，常见的修改方式有移动、合并、删除等操作。下面仍以实例4为例来学习思维导图的修改。

✎ **跟我学**

01 移动子主题 按图7-41所示的操作，移动子主题"桥面"至"坚固"主题下。

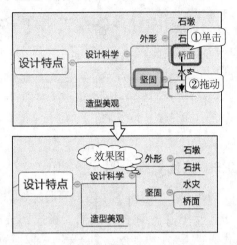

图7-41 移动子主题

02 合并子主题 按图7-42所示的操作，合并子主题"燕京八景之一"和"世界文明"至"价值"主题下。

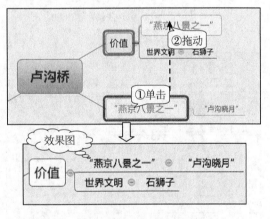

图7-42 合并子主题

03 删除子主题 按图7-43所示的操作，删除子主题"风格别致"。

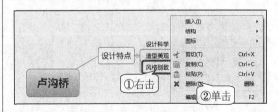

图7-43 删除子主题

04 完成制作 经过上述步骤，"卢沟桥"思维导图的制作即已完成，效果如图7-44所示。

图7-44 "卢沟桥"思维导图

7.3.3 美化思维导图

创建完毕的思维导图还需要通过修饰、美化等操作进一步完善，并将作品以图片的形式保存下来，以便学生复习和加强对知识结构的归纳和记忆。

跟我学

01 设计风格 按如图7-45所示的操作，将"卢沟桥"思维导图的风格设置为"经典"风格。

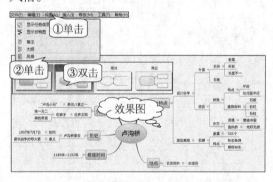

图7-45 "卢沟桥"思维导图效果图

02 增加边框 选中"卢沟桥"各子主题后，选择"插入"→"边框"命令，给"卢沟桥"各子主题添加修饰边框，效果如图7-46所示。

图7-46 添加边框

03 保存文件 选择"文件"→"保存新的版本"命令，保存XMind文件。

04 导出图片 选择"文件"→"导出"命令，导出图片名为"卢沟桥.bmp"的文件，效果如图7-47所示。

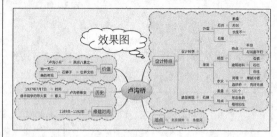

图7-47 "卢沟桥"思维导图效果图

知识窗

1. 思维导图主要元素

思维导图的主要元素一般有中心主题、分支主题、子主题和连接线。

● 中心主题：每一张图有且仅有一个中心主题。这个主题在新建时会被自动创建并安排在图的中心位置。

● 分支主题：中心主题周围发散出来的第一层主题即分支主题。

● 子主题：分支主题后面添加的主题都被称为子主题，子主题也可以有自己的子主题。

● 连接线：标明各主题间从属关系的线条。

2. 插入和删除主题

在选中某个主题后，按Insert键可以插入新的子主题，按回车键可以插入新的同级主题，按Delete键可以删除该主题。

第 8 章

统计分析学生成绩

　　教学检测是教师了解学情的重要手段,每次考试后,教师都要对学生成绩进行记录、统计和分析,以便了解学生知识掌握的情况,并根据情况及时调整教学进度和教学方法。利用现代信息技术手段进行成绩统计分析,可以大大提高工作效率,减轻工作强度,统计分析已成为现代教师必备的信息技术应用技能。

　　本章通过实例,介绍利用Excel电子表格软件进行学生成绩统计分析的方法和技巧。

本章内容

输入考试成绩　　　　　　统计分析成绩　　　　　　编辑美化成绩表

▌8.1 输入考试成绩

统计分析学生成绩之前,首先要建立成绩表,并将考试成绩的原始数据录入到电子表格中,以便为后面的统计分析做好准备。本书介绍使用微软公司的Excel 2010版软件进行成绩统计分析。

8.1.1 新建成绩表

首先要规划设计好成绩表格的栏目,搭建表格框架。设计表格栏目时要考虑后面的统计分析需要,例如,通常除了姓名和学科成绩栏目之外,还要有学号或编号栏以给每名学生编制一个数字编号,这将给后面的统计分析带来便利。

实例1 新建语文成绩表

本实例中将建立班级语文学科成绩表,如图8-1所示。

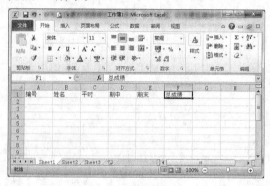

图8-1 语文成绩表

运行Excel 2010软件,在空白电子表格的第1行中输入编号、姓名、平时、期中、期末、总成绩等表格栏目名称,保存文件,完成新建。

✏️ **跟我学**

01 **运行软件** 单击 按钮,选择"所有程序"→"Microsoft Office"→"Microsoft Excel 2010"命令,运行Excel软件。

02 **认识界面** 运行软件后,打开如图8-2所示的软件界面,认识其组成部分。

03 **输入栏目名称** 单击选中A1单元格,输入"编号",按键盘右光标键→,选中B1单元

格,输入"姓名",按此方法,完成其余栏目名称的输入。

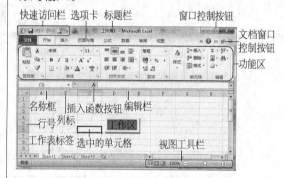

图8-2 Excel 2010软件界面

📍 **提示**

单击选中单元格后,可直接输入或替换单元格内容;双击单元格,进入编辑状态,可局部修改单元格内容。

04 **保存文件** 按图8-3所示的操作,以"语文成绩表"为名保存文件。

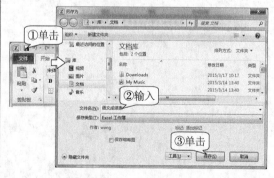

图8-3 保存文件

实例2 新建班级成绩簿

本实例将建立一个九年级班级成绩簿,在Excel文件中建立多张成绩表,分别用来存放各科平时、期中、期末、学期总成绩,建立好的班级成绩簿如图8-4所示。新建时注意

表格栏目顺序编排,学科栏目最好按照学校规定的统一顺序编排,以便后期进行汇总。

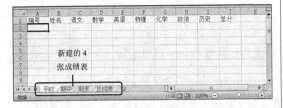

图8-4 班级成绩簿

先将默认的"Sheet1"工作表改名为"平时",并在工作表中输入平时成绩表的各栏目名称;然后删除默认的"Sheet2""Sheet3"工作表;最后通过复制"平时"工作表的操作,完成期中、期末和总成绩工作表的添加。

跟我学

01 修改工作表名 运行Excel软件,按图8-5所示的操作,将默认的Sheet1工作表改名为"平时"。

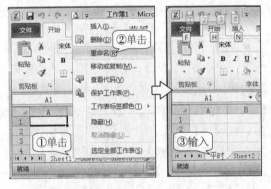

图8-5 修改工作表名称

提示

双击工作表标签,进入文字编辑状态,也可修改工作表名称。

02 输入栏目名称 在平时成绩表中输入编号、姓名、学科名、总分等栏目名称。

03 删除工作表 右击Sheet2工作表标签,在弹出的快捷菜单中选择"删除"命令,删除Sheet2工作表;按此方法,删除Sheet3工作表。

04 复制工作表 按图8-6所示的操作,复制平时工作表,并将复制的表格改名为"期中";按此方法,添加期末、总成绩工作表。

05 保存工作簿 选择"文件"→"保存"命令,以"班级成绩簿"为名保存文件。

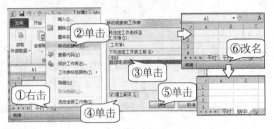

图8-6 复制工作表

知识窗

1. 工作表与工作簿

一个Excel文件就是一个工作簿,一个工作簿可以包含多张工作表。默认情况下,新建的Excel文件包含3张工作表,每张工作表都有一个名称,"Sheet1""Sheet2""Sheet3"为工作表的默认名称。可根据需要,增减工作表和修改名称。

2. 单元格及其区域的表示

单元格是构成Excel工作表的基本单位,单元格的位置由所在的列和行确定,因此单元格的名称(又称单元格地址)用列标+行号来表示,如A1单元格,表示第A列第1行的单元格。多个单元格构成单元格区域,连续区域和不连续区域的表示如图8-7所示。

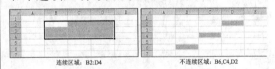

连续区域: B2:D4   不连续区域: B6,C4,D2

图8-7 单元格区域的表示方法

3. Excel软件版本和文件格式

日常使用的电子表格软件,除了本书介绍的Excel 2010版外,还有版本较低的Excel 2007、Excel 2003等。国产优秀办公软件WPS Office软件中也包含了一个WPS表格软件。Excel 2010版和Excel 2007版软件界面差别很小,其他版本软件的界面如图8-8所示。

Excel 2003

WPS 表格

图8-8　常见电子表格软件界面

不同软件的界面不同，但基本功能和操作方法相似。需要注意的是，各电子表格软件保存的文件格式不同，如果计算机中安装的电子表格软件不同，就要注意保存的文件是否相互兼容，表8-1列出了几种电子表格软件支持的文件格式和兼容情况。

表8-1　电子表格软件文件格式

软件名称	默认支持的文件格式	兼容情况
Excel 2010	xlsx 、xls	可以打开Excel 2010、Excel 2007、Excel 2003版文件
Excel 2007	xlsx 、xls	可以打开Excel 2010、Excel 2007、Excel 2003版文件
Excel 2003	xls	如果要打开高版本的xlsx文件，需要安装文件格式兼容包
WPS 表格	wps、xlsx、xls	可以打开wps格式和以上Excel软件3个版本保存的文件

8.1.2　输入学生成绩

完成表格新建后，需要在成绩表中进行各项数据的输入。在Excel中，不同类型的数据有相应输入方法，输入过程中注意采用适当的方法和技巧，以提高输入的速度。

实例3　输入学科考试成绩

本实例将在实例1语文成绩表的基础上完成语文成绩表的数据输入，输入的内容包括编号、姓名、各次考试的成绩，输入完毕后的表格如图8-9所示。

图8-9　输入数据后的语文成绩表

输入表格中的数字编号时，如果直接输入数字，Excel会自动忽略编号前的"0"，输入前将编号列数据格式设置为文本型，则可完整显示；输入完第1个编号"001"

后，其他学生的编号可通过拖动填充柄快速填充输入；总成绩数据不需要手工输入，本书将在后面的章节介绍利用公式计算得出。

跟我学

01　打开文件　运行Excel软件，选择"文件"→"打开"命令，在弹出的对话框中选择实例1中保存的语文成绩表，并打开文件。

02　设置编号列格式　按图8-10所示的操作，将编号列设置为"文本"型数据格式。

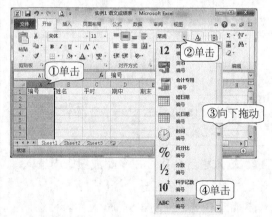

图8-10　设置"文本"型数据

提示

单击列标，可选中一整列；单击行号，可选中一整行。

03 输入编号 选中A2单元格，输入编号"001"，按图8-11所示的操作，拖动填充柄，快速完成其他编号的输入。

📍**提示**

鼠标指针移动到填充柄上时，形状会变成黑色十字形。

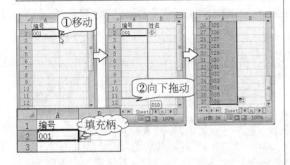

图8-11 快速填充式输入编号

04 输入姓名数据 选中B2单元格，输入姓名"洪文武"，按回车键确认输入，跳转到B3单元格继续输入下一位学生的姓名，按此方法完成学生姓名的输入。

05 输入成绩数据 选中C2单元格，输入平时成绩"90"，按Tab键跳转到右侧D2单元格，输入期中成绩，再按Tab键，接着输入期末成绩，输入完成后按回车键，光标会自动跳转到C3单元格，继续按此方法完成其余成绩的输入。

06 另存文件 选择"文件"→"另存为"命令，将文件另存为"语文成绩表（含数据）.xlsx"。

实例4 汇总班级成绩

本实例将在各学科成绩完成录入的基础上，汇总各科成绩生成班级成绩表，以期末考试为例，汇总后的班级期末成绩表如图8-12所示。

图8-12 班级期末成绩表

首先打开语文成绩表，复制所有学生的语文期末成绩；接着打开班级成绩表，在期末表格中将语文成绩数据粘贴到表格"语文"列；完成各学科成绩数据复制后，利用Excel的求和功能完成总分的计算。

🖊️**跟我学**

01 打开文件 运行Excel软件，打开"语文成绩表（含数据）.xlsx"。

02 复制数据 用鼠标指针拖动选中语文成绩表中的期末成绩数据，单击"开始"选项卡下"剪贴板"组中的复制·按钮。

03 粘贴数据 打开"班级成绩簿.xlsx"，在"期末"工作表中选中C2单元格，单击"剪贴板"组中的"粘贴"按钮，完成语文成绩的复制。

04 复制其他学科成绩 分别打开其他学科成绩，将各学科成绩复制到"班级成绩簿.xls"中。

05 计算总分 选中J2单元格，按图8-13所示的操作，使用求和功能Σ计算总分。

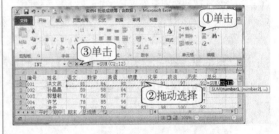

图8-13 计算总分

06 输入其他总分 保持J2单元格被选中，向下拖动填充柄至J37单元格，完成所有学生总分的计算。

知识窗

1. 数据的输入

在单元格中，可以输入数字、汉字、英文、标点及一些特殊符号，Excel将这些数字和符号都称为数据，因此数据可分为文本型数据和数值型数据。数据的类型不同，输入的方法也不尽相同。

- 文本型数据一般直接输入，但数字型文本如身份证号、学籍号，在输入前一般需要将单元格格式设置为文本格式，再进行输入；如果事先不设置为文本格式，也可以在输入数字前先输入一个英文单引号"'"，强制将输入的数字作为文本处理。
- 数值型数据的类型较多，输入的方法如表8-2所示。

表8-2　数值型数据的输入方法

数据类型	输入方法
一般数字	直接输入，数字位数超过一定范围后，Excel会将数值转换为科学记数法显示
分数	0+空格+分数，如1/3，应输入"0 1/3"
日期	年/月/日或年-月-日。输入年份时，可以只输入两位年份。默认情况下，输入后均按"年-月-日"的格式显示。例如输入"07/7/12"，单元格中将会默认显示为"2007-7-12"。如果只输入月/日或月-日，显示时也将只显示月份和日期，例如输入"7/12"，单元格中将会默认显示为"7月12日"
时间	时:分:秒（24小时制输入）；时:分:秒+空格+A或P（12小时制输入，A表示上午，P表示下午）。例如要输入下午2时30分38秒，用24小时制输入格式为："14:30:38"，输入后原样显示；而用12小时制输入时间格式为："2:30:38 p"，输入后显示内容为：2:30:38 PM
其他数值	货币、会计专用等数值一般在输入完数字后，通过在"数字"功能组或"单元格格式"对话框中设置其数字格式，而得到相应的显示格式

2. 数据的自动填充

自动填充是Excel的一项重要功能。当一组数据形成了一个序列时（所谓序列，是指一组有相同变化趋势的数据集合。例如，数字：2，4，6，8……；时间：1月1日，2月1日……；等等），就可以使用这一功能快速输入数据。自动填充的一般操作过程是：先输入序列的初始值，然后使用自动填充操作（拖动填充柄）输入剩余的数据。

3. 使用自定义序列

学号、身份证号等数字通常是没有规则的，不能使用序列填充的方法快速批量输入，但学号或身份证号的前几位一般都是相同的，这时可以使用自定义序列的方法加快输入速度，以输入8位学号为例，前4位都是3401，后四位为不规则数字，设置如下。

- 设置自定义序列　选中学号列，按图8-14所示的操作，设置学号列的单元格格式。

- 输入学号　输入时只需输入后4位不规则数字，单元格即可完整显示8位学号。

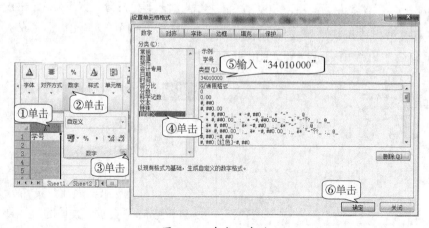

图8-14　自定义序列

4. 使用冻结窗格让标题行始终显示

输入成绩数据时，如果班级的人数较多，输入完屏幕最下面一行数据后，标题行将滚动到上方而无法看到，为了避免看不到标题栏而导致的输入偏差，可以使用冻结窗格功能让标题栏始终显示在表格中，按图8-15所示的操作，可以让第1行标题行和A、B两列保持"冻结"，上下、左右滚动表格时，这些内容均保持显示。

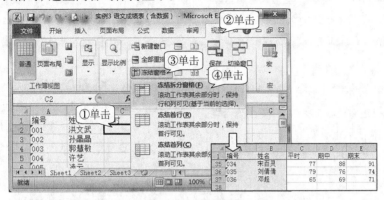

图8-15 冻结窗格

1. 制作班级日课表

制作如图8-16所示的班级日课表，星期和节次的输入注意使用快速填充法。

	A	B	C	D	E	F
1		星期一	星期二	星期三	星期四	星期五
2	第1节	英语	语文	化学	数学	英语
3	第2节	英语	化学	英语	数学	英语
4	第3节	数学	政治	语文	语文	数学
5	第4节	语文	英语	数学	语文	物理
6	第5节	物理	数学	历史	英语	体育
7	第6节	历史	物理	政治	政治	历史
8	第7节	班会	体育	化学	体育	自习

图8-16 班级日课表

2. 制作年级期末成绩簿

期末考试后，年级组要汇总各班成绩，在班级成绩表的基础上，新建年级成绩簿，复制各班成绩数据到年级成绩簿的表格中，汇总生成年级成绩簿，如图8-17所示。

图8-17 年级成绩簿

8.2 统计分析成绩

完成成绩表数据输入后，可以利用Excel的公式和函数进行成绩的计算和统计，还可以利用排序、筛选和图表等工具对成绩数据进行分析。

8.2.1 利用公式计算成绩

在统计成绩过程中，需要完成大量的计算工作，例如计算学科总成绩、进行分数折算等，利用Excel的公式，可以快速准确地完成上述任务。

实例5 计算语文学期总成绩

本实例是计算语文学科的学期总成绩，按照平时成绩占30%、期中成绩占30%、期末成绩占40%的比例进行计算，计算完成的表格如图8-18所示。

	A	B	C	D	E	F
						F2 ▼ fx =C2*0.3+D2*0.3+E2*0.4
1	编号	姓名	平时	期中	期末	总成绩
2	001	洪文武	90	84	81	84.6
3	002	孙晶晶	58	65	59	60.5
4	003	郭慧敏	81	74	76	76.9
5	004	许艺	77	81	78	78.6
6	005	凌云	83	80	78	80.1
7	006	尹元琪	76	75	77	76.1
8	007	吴薇薇	54	73	70	66.1
9	008	胡鹏	73	76	74	74.3
10	009	何倩	83	76	78	78.9

图8-18 计算语文学期总成绩

打开语文学科成绩表，在总成绩列先计算第1位学生的总成绩，在单元格中输入公式：=C2*0.3+D2*0.3+E2*0.4，按回车键后即可在单元格中显示出计算结果，接下来向下拖动单元格填充柄即可快速完成其他学生总成绩的计算。

跟我学

01 打开文件 打开"语文成绩表（含数据）.xlsx"文档，选中F2单元格。

02 输入公式 在F2单元格中输入公式"=C2*0.3+D2*0.3+E2*0.4"，完成第1位学生总成绩的计算，如图8-19所示。

图8-19 输入公式

提示

输入公式时，首先要输入等号"="；在公式中，注意用单元格地址引用成绩数据，不要输入具体成绩数值，否则无法实现快速填充输入。

03 计算其他总成绩 向下拖动F2单元格的填充柄，完成其他学生总成绩的计算；另存文件，将文件另存为"语文成绩统计表.xlsx"。

知识窗

1. 单元格的引用

引用是指在公式中，不直接写出具体数据，而是用单元格或区域的地址表示数据所在

的位置。它的作用在于指明公式中所使用的数据位置。使用引用的好处很多：一是可以减轻数据录入的工作量，避免录入错误；二是当原始数据发生变化时，无需手动修改公式中的数据，Excel会自动重新计算、更新计算结果。

2. 公式的组成

在Excel中，公式均以"="开头，它可以是简单的数学算式，也可以是包含Excel函数的式子。公式中通常包括数值或文本、运算符、引用的单元格地址或区域地址、函数等。运算符有数学、比较、逻辑和引用运算符等，在统计成绩过程中，常用的有数学运算符和比较运算符如下。

- 数学运算符：加号"+"、减号"−"、乘号"*"、除号"/"。

- 比较运算符：大于号">"、小于号"<"、等于号"="、大于等于号">="、小于等于号"<="、不等于号"<>"。

3. 公式的输入

公式的输入有多种操作方法，如实例5中计算总成绩的公式输入，可以完全用键盘手工输入，也可以结合鼠标操作来完成。例如输入公式中的单元格地址"C2"时，可以用键盘直接输入"C2"，也可以单击C2单元格，让Excel自动在公式中插入"C2"，这样的操作对初学者来说可以避免输入错误。

创新园

1. 分数折算

打开语文期末成绩表（满分150分），输入计算公式，将期末成绩按满分100分折算，如图8-20所示。

	A	B	C	D
1	编号	姓名	期末（150分）	期末折算（100分）
2	001	洪文武	122	81
3	002	孙晶晶	89	59
4	003	郭慧敏	114	76
5	004	许艺	117	78
6	005	凌云	117	78

图8-20 分数折算

2. 计算班级均分差

打开班级均分汇总表，输入公式计算各班总分与均分的差值，如图8-21所示。

	A	B	C	D	E	F	G	H	I	J
1	班级	语文	数学	英语	物理	化学	政治	历史	总分	均分差
2	九（1）班	109.52	110.36	121.52	76.30	52.00	74.36	63.61	607.67	20.99
3	九（2）班	91.27	108.61	99.61	72.36	54.09	70.91	63.24	560.09	-26.58
4	九（3）班	101.17	115.61	126.91	71.96	47.72	70.85	60.76	594.98	8.30
5	九（4）班	100.40	116.71	128.48	74.04	50.75	63.02	64.04	604.96	18.28
6	总平均	97.61	113.64	118.33	72.79	50.85	71.11	62.34	586.68	

图8-21　计算均分差

8.2.2　使用函数统计成绩

使用公式可以完成一些简单计算，而对于一些复杂的统计任务，如统计平均分、优秀率和合格率等，则需借助Excel的函数来完成。

实例6　统计学科成绩

本实例将利用Excel的平均值函数AVERAGE、条件计数函数COUNTIF等函数，并结合公式计算来完成语文各次成绩平均分、优秀率、合格率的统计，如图8-22所示。

	A	B	C	D	E	F
	C40			fx	=COUNTIF(C2:C37,">=80")	
1	编号	姓名	平时	期中	期末	总成绩
35	034	宋百灵	77	88	91	85.9
36	035	刘倩倩	79	76	74	76.1
37	036	邓超	65	69	71	68.6
38		平均分	73.92	72.81	72.97	73.21
39		参考人数	36	36	36	36
40		优秀人数	7	7	6	6
41		及格人数	33	33	34	34
42		优秀率	19%	19%	17%	17%
43		合格率	92%	92%	94%	94%

图8-22　统计学科成绩

统计优秀率时，首先利用COUNTIF函数统计出参考人数和优秀人数，然后用优秀人数除以参考人数即可得出优秀率，合格率的统计方法类似；统计出平均分、优秀率、合格率后，还需适当设置数据的显示格式，以便查阅所需。

跟我学

01 打开文件　打开"语文成绩统计表.xlsx"，按图8-22所示统计项目，在B38:B43单元格区域中输入平均分、参考人数、优秀人数、及格人数、优秀率和合格率文字。

02 求平均　选中C38单元格，按图8-23所示的操作，插入平均值函数AVERAGE，统计各次考试语文成绩的平均分。

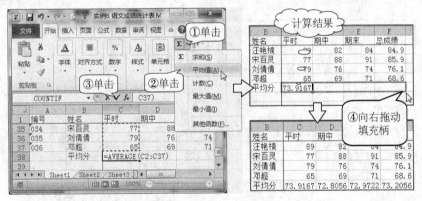

图8-23　统计平均分

提示

插入平均值函数后，如果自动确定的统计范围C2:C37与实际不符，可以用鼠标指针拖动重新选择，Excel会自动调整括号内的地址参数。

03 统计总人数　选中C39单元格，按图8-24所示的操作，插入COUNTIF函数，统计参加平时考试的人数，完成后向右拖动C39单元格右下角的填充柄，复制公式，统计其余列参考人数。

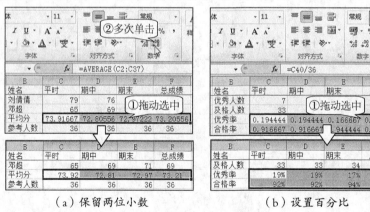

图8-24　统计参考总人数

04 统计优秀人数　选中C40单元格，插入"=COUNTIF（C2:C37,">=80"）"，统计80分以上的优秀人数，向右拖动C40单元格右下角的填充柄，完成其余列优秀人数的统计。

05 统计合格人数　选中C41单元格，插入"=COUNTIF（C2:C37,">=60"）"，统计60分以上的合格人数，向右拖动C41单元格右下角的填充柄，完成其余列合格人数的统计。

06 计算优秀率　选中C42单元格，输入公式"=C40/C39"，即可计算平时成绩的优秀率，向右拖动C42单元格右下角的填充柄，完成其余列优秀率的计算。

07 算合格率　选中C43单元格，输入公式"=C41/C39"，即可计算平时成绩的合格率，向右拖动C43单元格右下角的填充柄，完成其余列优秀率的计算。

08 设置数字格式　按图8-25（a）所示的操作，平均分保留小数点后两位数；按图8-25（b）所示的操作，将优秀率、合格率设置为百分比样式。

（a）保留两位小数　　　　　　　　（b）设置百分比

图8-25　设置数字格式

知识窗

1. 函数

函数是Excel根据各种需要，预先设计好的运算公式。使用函数可以节省用户自行设计公式的时间，提高数据处理的效率。在统计分析学生成绩时，除了实例6中介绍的函数外，还有以下函数较为常用，如表8-3所示。

表8-3 常用函数

函数名	使用说明
MAX	主要功能：求出一组数中的最大值，可以用来统计最高分 使用格式：MAX(number1,number2……) 参数说明：number1,number2……代表需要求最大值的数值或引用单元格（区域），参数不超过30个 应用举例：输入公式：=MAX(E44:J44,7,8,9,10)，确认后即可显示出E44至J44单元格区域和数值7，8，9，10中的最大值 特别提醒：如果参数中有文本或逻辑值，则忽略文本和逻辑值
MIN	主要功能：求出一组数中的最小值，可以用来统计最低分 使用格式：MIN(number1,number2……) 其他说明：与MAX函数类似，此处不再赘述
IF	主要功能：根据对指定条件的逻辑判断的真假结果，返回相对应的内容，可以用来计算成绩等次 使用格式：IF(Logical,Value_if_true,Value_if_false) 参数说明：Logical代表逻辑判断表达式；Value_if_true表示当判断条件为逻辑"真"（TRUE）时的显示内容，如果忽略返回"TRUE"；Value_if_false表示当判断条件为逻辑"假"（FALSE）时的显示内容，如果忽略返回"FALSE" 应用举例：在C29单元格中输入公式：=IF(C26>=18, "符合要求", "不符合要求")，如果C26单元格中的数值大于或等于18，则C29单元格显示"符合要求"字样，反之显示"不符合要求"字样 特别提醒：IF 函数可以嵌套使用，可以用于判断成绩等次，例如判段语文成绩表中C2单元格的分数等级按照80分以上优秀，70～79分良好，60～69分及格，59分以下不及格设定等级，可输入公式：=IF(C2>=80,"优秀", IF(C2>=70, "良好", IF(C2>=60, "及格", "不及格")))
RANK	主要功能：返回某一数值在一列数值中的相对于其他数值的排位，可以在不排序的情况下统计出学生的名次 使用格式：RANK（number,ref,order） 参数说明：number代表需要排序的数值；ref代表排序数值所处的单元格区域；order代表排序方式参数（如果为"0"或者忽略，则按降序排名，即数值越大，排名结果数值越小；如果为非"0"值，则按升序排名，即数值越大，排名结果数值越大） 应用举例：在语文成绩表中的F2单元格中输入公式：=RANK(C2,$C$2:$C$37,0)，确认后即可得出洪文武同学的语文成绩在全班成绩中的排名结果 特别提醒：在上述公式中，number参数采取了相对引用形式，而ref参数采取了绝对引用形式（增加了"$"符号），这样设置后，选中C2单元格，向下拖动C2单元格右下角的填充柄，即可将上述公式快速复制到C列其他的单元格中，完成其他同学语文成绩的排名统计

2. 函数的插入

函数的插入有3种途径：一是使用手工输入，方法和输入公式类似；二是使用功能区中的插入函数按钮；三是单击编辑栏左侧的插入函数按钮。初学者建议使用后两种方法，以免输入错误。

3. 常见的公式错误提示信息及错误原因

在使用公式、函数的过程中，如果出现书写或引用错误，Excel会给出错误提示信息，了解这些错误信息产生的原因，将有助于解决问题，常见公式错误提示信息及错误原因如表8-4所示。

表8-4　公式错误提示信息及错误原因

错误信息	错误原因
#DIV/0	公式中出现了0做除数的错误
#N/A	公式中引用了一些不可用的数据
#NAME?	公式中的文字拼写错误，系统不能识别
#REF	单元格的引用无效
#NUM!	函数中的参数输入不正确
#VALUE!	提供的参数没有使用系统期望的数值类型

创新园

1. 使用MAX、MIN函数统计最高分、最低分

打开语文成绩表，统计每次考试最高分、最低分，如图8-26所示。

C38　f_x　=MAX(C2:C37)

	A	B	C	D	E	F
1	编号	姓名	平时	期中	期末	总成绩
32	031	陈婧	87	85	92	88.4
33	032	孙志杨	79	82	80	80.3
34	033	汪艳楠	89	82	84	84.9
35	034	宋百灵	77	88	91	85.9
36	035	刘倩倩	79	76	74	76.1
37	036	邓超	65	69	71	68.6
38		最高分	90	88	92	88.4
39		最低分	54	50	52	54.7

图8-26　统计最高分、最低分

2. 使用COUNTIF函数统计分数段

打开语文成绩表，统计各次考试各分数段人数，如图8-27所示。

C39　f_x　=COUNTIF(C2:C37,">=70")-COUNTIF(C2:C37,">=80")

	A	B	C	D	E	F	G	H
1	编号	姓名	平时	期中	期末	总成绩		
32	031	陈婧	87	85	92	88.4		
33	032	孙志杨	79	82	80	80.3		
34	033	汪艳楠	89	82	84	84.9		
35	034	宋百灵	77	88	91	85.9		
36	035	刘倩倩	79	76	74	76.1		
37	036	邓超	65	69	71	68.6		
38		80-100分	7	7	6	6		
39		70-80（不含）	19	19	21	18		
40		60-70（不含）	7	7	7	10		
41		60（不含）以下	3	3	2	2		

图8-27　统计分数段

3. 使用IF函数判断成绩等级

打开语文成绩表，使用IF函数判断学生的成绩等级，如图8-28所示（80分以上优秀，70～80（不含）良好，60～70（不含）及格，60（不含）以下不及格）。

G2　f_x　=IF(F2>=80,"优秀",IF(F2>=70,"良好",IF

	A	B	C	D	E	F	G
1	编号	姓名	平时	期中	期末	总成绩	成绩等级
2	001	洪文武	90	84	81	84.6	优秀
3	002	孙晶晶	58	65	59	60.5	及格
4	003	郭慧敏	81	74	76	76.9	良好
5	004	许艺	77	81	78	78.6	良好
6	005	凌云	83	80	78	80.1	优秀
7	006	尹元琪	76	75	77	76.1	良好
8	007	吴微微	54	73	70	66.1	及格

图8-28　判断成绩等级

8.2.3　排序和筛选成绩表

每次考试后，教师一般需要了解学生在班级或年级的排名情况，以确定该生学习的相对状况，为教学诊断和评价提供依据。Excel提供了排序和筛选功能，可以很方便地完成上述工作。

实例7　成绩排序

本例对语文考试的期中和期末考试成绩分别进行排序，统计两次考试学生的名次，通过对比两次考试的排名，从而了解学生成绩的进步或退步情况。制作好的统计表如图8-29所示。

	A	B	C	D	E	F	G
1	编号	姓名	期中	期末	期中名次	期末名次	名次变化
2	029	高弘远	55	73	34	17	17
3	021	杨志祥	71	73	25	17	8
4	027	李习文	73	75	20	14	6
5	024	邹峰	69	71	27	21	6
6	036	邓超	69	71	27	21	6
7	006	尹元琪	75	77	15	11	4
8	003	郭慧敏	74	76	16	12	4
9	012	郑思晨	74	76	16	12	4
10	018	胡静	78	80	8	5	3
11	030	许庆	77	79	10	7	3

图8-29　成绩排序

打开语文成绩统计表，删除平时、总成绩列，在期末列右侧添加期中名次、期末名次和名次变化列；接着对期中成绩进行降序排列，并在期中名次列输入名次，按同样的方法统计期末名次；最后在名次变化列计算两次考试的名次差值，并对差值降序排列。

跟我学

01 删除列　打开“实例5 语文成绩统计表.xlsx”文件，按图8-30所示的操作，

删除"平时"列；按相同方法删除"总成绩"列。

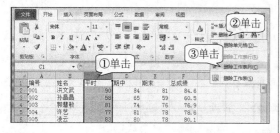

图8-30 删除列

02 添加列 在期末列右侧的E1:G1单元格区域中分别输入期中名次、期末名次和名次变化文本。

03 期中排序 选中期中列中任意一个包含成绩数据的单元格，按图8-31所示的操作，对期中成绩进行降序排列。

图8-31 期中成绩降序排序

04 输入名次 按图8-32所示的操作，在"期中名次"列中输入名次。

图8-32 输入名次

05 修正名次 对并列排名情况，进行个别修正，如图8-33所示。

图8-33 修正名次

06 统计期末名次 参照步骤3~步骤5的方法，在期末名次列中输入期末名次。

07 计算名次变化 在G2单元格中输入公式"=E2-F2"，计算名次差值；向下拖动G2单元格右下角的填充柄，复制公式，完成其余学生名次差值的计算。

08 名次变化排序 选中G列中任意一个包含数据的单元格，使用降序方式排列名次变化顺序，排名靠前的是进步相对较大的学生，如图8-29所示。

实例8 筛选成绩

本例是对班级期末考试成绩进行统计，筛选出本次考试成绩最优秀的10名学生进行表彰，筛选后的成绩表如图8-34所示。

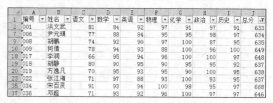

图8-34 筛选成绩

打开班级成绩簿中的期末成绩表，使用Excel的筛选功能筛选出总分值最大的10位同学，复制学生姓名，确定成绩优异学生名单。

跟我学

01 打开文件 打开"实例4 班级成绩簿（含数据）.xlsx"，选中"期末"成绩表。

02 筛选总分 在期末成绩表中选中任意一个包含数据的单元格，按图8-35所示的操作，筛选出总分值最大的10名学生名单。

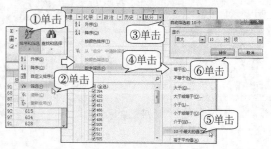

图8-35 筛选总分

提示

筛选后，表格中仅显示符合条件的数据行，其他数据行暂时隐藏，再次执行"排序和筛选"→"筛选"命令，可恢复显示原来的数据。

03 复制名单 将筛选出来的总分前10名的学生名单复制到新的表格中，保存文件。

创新园

1. 自定义排序

打开包含性别列的"语文成绩表.xls"，分别对男女学生的总成绩进行排序，如图8-36所示。

	A	B	C	D	E	F	G
1	编号	姓名	性别	平时	期中	期末	总成绩
17	036	邓超	男	65	69	71	68.6
18	017	李润	男	71	68	66	68.1
19	010	孙勇	男	63	50	64	59.5
20	031	陈靖	女	87	85	92	88.4
21	034	宋百灵	女	77	88	91	85.9
22	033	汪艳楠	女	89	82	84	84.9
23	018	胡静	女	79	78	80	79.1
24	009	何倩	女	83	76	78	78.9

图8-36　自定义排序

提示

选择"排序和筛选"→"自定义排序"命令，打开"排序"对话框，设置主要关键字为性别，添加"总成绩"条件作为次要关键字，确定即可。

2. 使用RANK函数排名次

使用RANK函数可以在不排序的情况下统计名次，打开"语文成绩表.xlsx"，使用RANK函数对总成绩进行排序，效果如图8-37所示。

	D2	▼	fx	=RANK(C2, $C$2:$C$37,0)	
	A	B	C	D	E
1	编号	姓名	期末	名次	
2	001	洪文武	81	4	
3	002	孙晶晶	59	35	
4	003	郭慧敏	76	12	
5	004	许艺	78	8	
6	005	凌云	78	8	
7	006	尹元琪	77	11	

图8-37　使用RANK函数排名

8.2.4　使用图表分析成绩

使用排序和筛选等功能可以帮助教师分析成绩，但分析的结果均是枯燥的数字，不易

查看。可以使用Excel的图表功能，用直观的图形来清晰表达统计结果。

实例9　单个学生成绩趋势分析

本例是对单个学生的语文各次考试成绩进行分析，通过制作如图8-38所示的成绩趋势图，清晰呈现学生的成绩发展趋势。

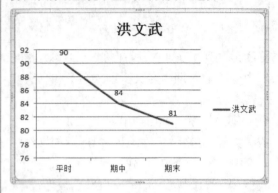

图8-38　单个学生成绩趋势分析

打开语文成绩表，选择姓名、平时、期中、期末列标题和一名学生的数据，插入折线图，Excel会自动生成该学生语文成绩的图表，适当设置图表属性，得到需要的图表样式。

跟我学

01 打开文件 打开"实例6 语文成绩统计表.xlsx"，选中B1:E2单元格区域。

02 插入图表 按图8-39所示的操作，插入折线图。

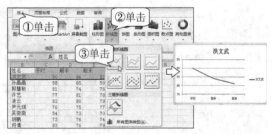

图8-39　插入折线图

03 设置图表 保持图表被选中，按图8-40所示的操作，给图表加上数据标签。

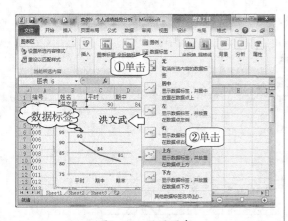

图8-40 设置图表

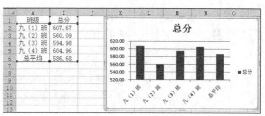

图8-41 柱形图表

创新园

1. 使用柱形图表对比分析班级成绩

在班级总平均分汇总表中列出了各班的总分,用柱形图表表达,如图8-41所示。

2. 使用饼图直观分析各分数段人数

在语文成绩统计表中,制作总分解的分数段饼图,分析各分数段人数占班级总人数的比例,如图8-42所示。

图8-42 饼图

8.3 编辑美化成绩表

完成成绩的统计分析后要将成绩表打印出来。在打印之前,为了使表格中的数据更加清晰易读,整个表格更加整齐美观,需要对表格进行适当的编辑调整和美化修饰。

8.3.1 编辑成绩表

统计分析成绩的过程中,经常需要对成绩表进行编辑修改,如合并与拆分单元格,插入或删除单元格、行、列和整个表格,以及调整表格的行高和列宽等。

打开语文成绩表,在表格上方插入一行,输入表格名称,选中A1:G1单元格区域,通过合并居中操作,将表格标题居中对齐,适当设置文字格式,调整表格行高列宽,完成表格编辑。

实例10 编辑语文成绩统计表

本例介绍编辑调整语文成绩统计表,编辑好的表格如图8-43所示。

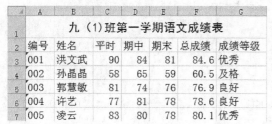

图8-43 编辑后的语文成绩表

✏ 跟我学

01 插入行 打开"语文成绩表.xlsx",按图8-44所示的操作,在表格上方插入一行空行。

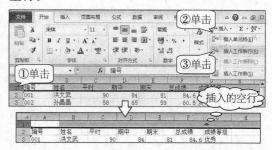

图8-44 插入空行

02 输入表题 选中A1单元格，在A1单元格中输入表题"九年级第一学期语文成绩表"。

03 合并居中 按图8-45所示的操作，将A1:G1单元格区域合并居中。

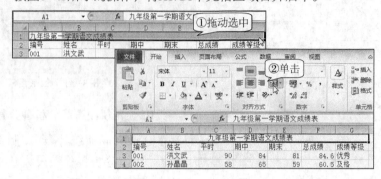

图8-45 合并居中单元格区域

📍 提示

再次单击"合并后居中"按钮，可以取消单元格的合并。

01 设置字体 选中合并后的单元格，使用"开始"选项卡下"字体"组中的字体、字号选项 ，设置字体为黑体、字号为16（磅）；选中其余含数据的单元格，设置字号为14（磅）。

02 调整行高 选中标题行，按图8-46所示的操作，调整表题行的行高为30。

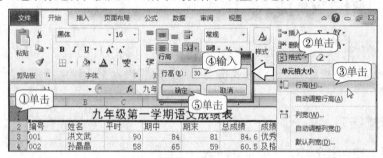

图8-46 调整行高

📍 提示

上下拖动行号之间的横线，也可以调整行高；类似地，左右拖动列标之间的竖线，可以调整列宽。

03 调整列宽 双击列标之间的竖线，Excel将自动调整竖线左侧列的宽度（以完整显示此列内容最多的单元格为准）。

04 另存文件 将文件另存为"语文成绩表（调整后）.xlsx"。

知识窗

1. 单元格及区域的选定方法

"先选定，后操作"是完成Excel操作的基本原则，在对Excel单元格或区域进行操作前，首先要选定单元格或区域，具体方法如表8-5所示。

表8-5 单元格及区域的选定方法

选定范围	操作方法
单个单元格	单击相应的单元格，或按箭头键移动到相应的单元格
单元格区域	单击单元格区域的第1个单元格，再拖动鼠标到最后一个单元格
较大的单元格区域	单击区域中的第1个单元格，再按住Shift键单击区域中的最后一个单元格。可以先滚动到最后一个单元格所在的位置
所有单元格	方法1：单击"全选"按钮；方法2：按Ctrl+A组合键
不相邻的单元格或单元格区域	选中第1个单元格或单元格区域，再按住Ctrl键选中其他单元格或单元格区域
整行或整列	单击行号或列标
相邻的行或列	在行标题或列标题中拖动鼠标指针。或者先选中第1行或第1列，再按住Shift键选中最后一行或最后一列
不相邻的行或列	选中第1行或第1列，再按住 Ctrl 键，选中其他的行或列
增加或减少活动区域中的单元格	选定一个单元格区域，再按住Shift键单击需要包含在新选定区域中的最后一个单元格，即可形成新的选定区域
取消选定区域	单击相应工作表中的任意单元格

2. 表格的编辑

单元格、行、列和表格的插入、删除及调整是Excel中常用的操作，通常可以通过两种途径来完成：一是使用"开始"选项卡下"单元格"组中的按钮，如图8-47所示；二是右击选中的对象，在弹出的快捷菜单中进行编辑操作。

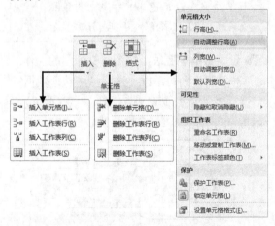

图8-47 表格的编辑

3. 查找和替换

当在包含大量数据的表格中查找某一位学生的成绩，或是在表格中统一修改内容相同的数据时，可以使用Excel的"查找和替换"功能来快速完成。在编辑功能组中选择"查找和替换"命令，打开如图8-48所示的对话框进行操作即可。

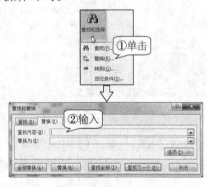

图8-48 查找和替换

8.3.2 美化成绩表

编辑调整后的成绩表，需要进一步加以修饰，才能使数据更加易读，表格更加美观。

实例11 美化语文成绩统计表

本例介绍美化语文成绩统计表，修饰好的表格如图8-49所示。

图8-49 美化语文成绩统计表

打开编辑后的语文成绩统计表，设置单元格的对齐方式，修改总成绩列单元格的数字格式，设置表格边框线和底纹颜色，完成表格的美化修饰。

🚀 跟我学

01 设置对齐方式 打开"语文成绩表（调整后）.xlsx"，按图8-50所示的操作，选中除表题行外的所有数据单元格区域（B2:G38），设置单元格区域中的文字居中对齐。

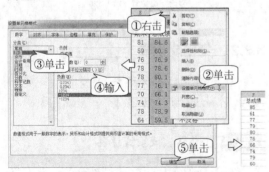

图8-50 设置文字居中对齐

02 修改数字格式 右击F列（总成绩列）列标，按图8-51所示的操作，设置总成绩数据为整数。

图8-51 修改数字格式

03 设置边框 选中A2:G38单元格区域，按图8-52所示的操作，将除表题行外整个表格设置为所有框线格式⊞。

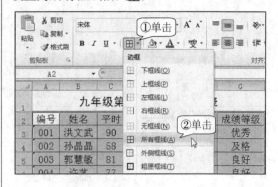

图8-52 设置边框

04 设置标题行底纹 选中A2:G2单元格区域，按图8-53所示的操作，将标题栏区域设置为深蓝色底纹，白色、黑体文字。

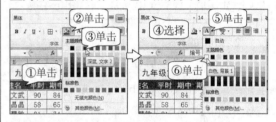

图8-53 设置底纹和文字

📍 提示

单元格底纹颜色与文字颜色的搭配，一般选择深浅搭配，以确保文字能够清晰显示。

05 设置数据区底纹 按图8-54所示的操作，同时选中偶数列（B、D、F这3列）中包含数据的单元格，设置底纹颜色为浅蓝色，设置好的效果如图8-49所示。

图8-54 设置数据区底纹

📍 提示

给相邻列或相邻行设置不同底纹颜色，可以使数据列或数据行的显示更加清晰，不易读错。

知识窗

1. 设置单元格格式

Excel单元格格式的设置,可以使用开始功能区中的字体、对齐方式和数字等功能组中的按钮进行设置,也可以按图8-55所示的操作,进入单元格格式对话框进行设置。

图8-55 设置单元格格式

2. 自动套用表格格式

Excel中内置了一些表格样式模板,用户可以直接套用这些模板以快速实现表格的美化修饰。选中表格后,按图8-56所示的操作即可完成模板的套用。

图8-56 自动套用表格格式

3. 使用条件格式

在进行成绩统计时,有时希望将一些学生的信息醒目标出,例如将考试不及格的学生用红字标出,这时可以使用Excel的条件格式功能来实现,操作如图8-57所示。

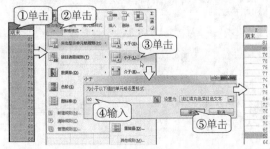

图8-57 使用条件格式

创新园

1. 美化班级成绩表

打开班级成绩表,使用自动套用格式的方法设置表格外观样式,效果如图8-58所示。

编号	姓名	语文	数学	英语	物理	化学	政治	历史	总分
001	洪文武	81	84	92	97	91	97	91	633
002	孙晶晶	59	58	64	47	80	75	68	451
003	郭慧超	76	56	77	45	56	73	87	470
004	许艺	78	85	96	88	88	93	97	625
005	凌云	78	70	94	83	98	100	92	615
006	尹元琪	77	88	84	95	95	98	97	634

图8-58 美化班级成绩表

2. 使用条件格式突出显示不及格学生

在语文成绩表中,使用条件格式突出显示期末考试不及格的学生。

8.3.3 打印成绩表

美化好表格后,可以将表格打印出来。打印前,一般要进行页面设置,以确保打印效果符合实际需求。

实例12 打印语文成绩表

本例介绍打印语文成绩表的过程和方法,打开美化后的语文成绩表,对表格进行打印预览,查看表格在页面中的布局,根据打印需要,适当调整页面的纸张大小、页边距。

跟我学

01 打印预览 打开"实例11 语文成绩表(美化后).xlsx",按图8-59所示的操作,进行打印预览。

图8-59 打印预览

02 设置页面 根据预览的情况和打印需要,

在"页面布局"选项卡中适当调整页面边距、纸张方向和纸张大小,如图8-60所示。

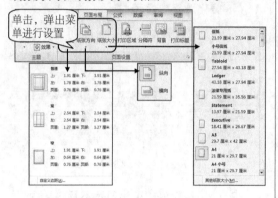

图8-60 设置页面

03 打印表格 选择"文件"→"打印"命令,按图8-61所示的操作打印表格。

图8-61 打印表格

1. 打印顶端标题行

有时工作表中的数据行较多,需要分多页打印,但通常第2页后的表格缺乏标题行,这样观察数据非常不方便。这时可以设置打印顶端标题行,使第2页及以后的页面都包含指定的行、列,具体操作如图8-62所示。

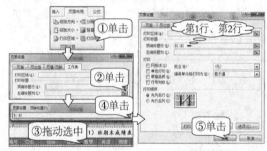

图8-62 设置显示顶端标题行

2. 打印分数条

教师在考试后经常会有打印学生个人分数条的需要,制作好全班的成绩表后,只需做简单处理,就可以打印出包含标题行的分数条。以班级期末考试成绩表为例,方法如下。

● 复制标题行 打开"班级成绩表",将标题行复制到表格最下方,选中标题行的单元格区域,拖动填充柄将标题行复制35份(学生人数−1),如图8-63所示。

033	汪艳楠	84	93	93	86	80	90	94	620
034	宋百灵	91	93	94	100	98	95	97	668
035	刘倩倩	74	54	67	62	61	71	77	466
036	邓超	71	93	92	96	100	97	97	646
编号	姓名	语文	数学	英语	物理	化学	政治	历史	总分
编号	姓名	语文	数学	英语	物理	化学	政治	历史	总分
编号	姓名	语文	数学	英语	物理	化学	政治	历史	总分
编号	姓名	语文	数学	英语	物理	化学	政治	历史	总分

图8-63 复制标题行

● 添加编号 给学生成绩数据行加上1~36的编号,标题行加上1~35的编号,如图8-64所示。

033	汪艳楠	84	93	93	86	80	90	94	620	33
034	宋百灵	91	93	94	100	98	95	97	668	34
035	刘倩倩	74	54	67	62	61	71	77	466	35
036	邓超	71	93	92	96	100	97	97	646	36
编号	姓名	语文	数学	英语	物理	化学	政治	历史	总分	1
编号	姓名	语文	数学	英语	物理	化学	政治	历史	总分	2
编号	姓名	语文	数学	英语	物理	化学	政治	历史	总分	3
编号	姓名	语文	数学	英语	物理	化学	政治	历史	总分	4

图8-64 添加编号

● 编号列排序 对新增加的编号列K列进行升序排列,得到如图8-65所示的表格。

A	B	C	D	E	F	G	H	I	J	K
编号	姓名	语文	数学	英语	物理	化学	政治	历史	总分	
001	洪武武	81	84	92	97	93	97	91	633	1
编号	姓名	语文	数学	英语	物理	化学	政治	历史	总分	
002	孙晶晶	59	58	64	47	80	75	68	451	2
编号	姓名	语文	数学	英语	物理	化学	政治	历史	总分	

图8-65 编号列排序

● 删除列 将新增加的编号列删除,根据打印后裁剪的需要,适当调整各行行高。